日本労働社会学会

労働社会学研究

Journal of Labor Sociology

12

2011

JN271280

目 次

『労働社会学研究』(通称『学会ジャーナル』)

発行趣意書

1998年10月１日

日本労働社会学会

『労働社会学研究』編集委員会

1988年10月に日本労働社会学会が発足して以来、10年の歳月が流れました。本学会第９回大会(1997年11月)は、創立10周年を一つの節目とし、さらに今後の一層の発展を期すために、若手研究者を優先する実態調査研究の発表誌として、『労働社会学研究』(通称『学会ジャーナル』)を発行することを決定しました。

本学会の発足当時、日本の社会学界においては、大学紛争以来の理論研究ブームが続き、若手研究者の間には苦労の多い実態調査を避けて、華やかな理論研究を追い求めて欧米の諸理論の輸入を競うという風潮が蔓延しておりました。もはや労働領域の研究は時代遅れでダサイもの、との声もよく聞かれたものです。我が国の産業・労働社会学領域の諸先輩が培ってこられた、労働現場に密着した実態調査の学風は、衰退の極みにありました。このままでは実態調査を行う産業・労働社会学の灯が消滅するのではないかと危惧されたものです。

他方では、日本経済の国際競争力の強化とともに日本の「経済大国」化が謳歌され、「日本的経営賛美論」が国の内外に急速に広まっておりました。労働現場の実情から遊離したこの理論が、それぞれの国の政府や経営者によって、その国の労働運動を抑圧する政治的手段として利用される傾向が強まっていると、海外の研究者からの連絡が相次いだものです。日本の労働現場の実情を知るわれわれ日本の労働社会学者としては、労働現場に関する正確な情報を海外に向けて発信する責任を痛感したものでした。

このような学界状況や時代状況のなかで、実態調査にこだわり続ける数人の労働社会学者が集まり、1982年４月、労働社会学研究会を発足させたのです。その際に掲げられた目標は主として次のようなものでした。

①社会学における労働研究の開拓、②実態調査の再興、③若手研究者の育成、

④海外の労働研究者との交流。

その後、労働社会学研究会は順調に成長し、1988年10月、約100名の会員によって日本労働社会学会へと改組されて、今日に至っております。日本労働社会学会も、上の労働社会学研究会の4点の目標を引き継いでいることは、いうまでもありません。現在では本学会の会員数は約200名に達し、中規模の学会として発展していることは、会員諸氏のご承知の通りです。

学会発足10周年を迎えるこの機会に、本学会の発足当時の初心に立ち戻り、その目標が果たされているかどうか、検証を続けたいものだと思います。

当初、学会機関誌『年報』は、この初心を実現すべく、若手研究者に実態調査報告を思う存分の分量で執筆していただくことを目的として発刊されました。その後、歴代の幹事、編集委員のご尽力により、原稿枚数を限定したコンパクトな論文を中心する理論誌としての体裁が整い、各方面から好評を得て、今日に至っております。その反面、実態調査研究が掲載されにくいという声も聞かれるようになり、学会としてどのようにして実態調査研究を活性化するかが課題となってきておりました。

そこで当分の間、『年報』は当学会の顔としてこのままとし、この他に、実態調査研究を行う若手研究者の育成という当学会の初心を実現すべく、充分の原稿枚数を保証した実態調査報告を思う存分に執筆していただく場を提供することに致します。長い目でみて、このことが本学会の存在意義を決定づけることになると思われます。

このような趣旨にもとづいて、本学会では創立10周年記念事業として、実態調査研究誌『労働社会学研究』(通称『学会ジャーナル』)の発行を行います。この事業に対する会員諸氏のご理解をお願いするとともに、物心両面にわたるご協力を訴えます。さらに、若手研究者の実態調査研究に向けた一層の奮起を期待致します。

日本労働社会学会

労働社会学研究

Journal of Labor Sociology

12

2011

【論文】

小零細企業において業主の妻が経営に果たす役割
―妻の仕事の歴史的展開に着目して―

Wife's Role in Management of Small Business
－with a Focus on Historical Changes in the Wife's Role－

徳井　美智代
TOKUI, Michiyo

The purpose of this paper is to clarify on roles played by the wife of the proprietor of a small business. The author focuses on the changes in the wife's roles by the participation process and her age. A movement analysis is conducted on relationships between the wife and the small business. A survey was conducted with proprietors and their wives and family members of small manufacturing firms in the Ota Ward in Tokyo from January 17, 2008 through April 21, 2010.
The analysis is conducted on the data of 16 people from 15 company, which yielded the following four points: 1) "making a living" and "business management" are mediated through wife's financial management effort; 2) as wife's commitment to the business management increases a shift is seen from just securing the funds needed for business and providing supports for employees; 3) changes in the wife's role from that of "support-provider" to "co-worker," and to "independent person," are seen with the backdrop of the changes during the high-growth period, and 4) the fact remains that the wife continues to play her role in the business management, complementing the proprietor's work.
The qualitative aspect of this research is in the view on the pivotal role of the proprietor's wife in the marginal area of life-and-work in the family business. What evolves out of this marginal area is securing the cash flow in the business and providing support for employees. In other words, the wife plays the mediator role between the "business management" and "life" of the people in a small business. The wife's role in the management of a small business is crucial in that it supports the business in "co-operation through the division of labor".

1.　はじめに

本稿の目的は、小零細企業の業主の妻[1]が企業経営に果たす役割を、妻の参加過程と時代による仕事内容の変化に着目して明らかにすることである。

妻への視点は、徳井(2009)から続くものである。徳井(2009)で、東京都大田区の小零細製造業の業主と妻双方から聞き取りを行い、業主の妻が家計を入れ込んだ特長的な資金繰りを行うなど、経営に関する重要な役割を担っている現状が明らかになった。業主の家族の生活が企業経営に乗り入れ、密接な関係となっていることが見えてきたのである。

さらにその調査の過程で、妻をかけはしとした業主の家族の「生活」と「企業経営」との接続関係は、時間、時代とともに変化していることも見えてきた。具体的に言うと、妻は、結婚直後から業主企業の資金繰り・管理を行っていたわけではなく、時間の推移に伴い段階的に企業経営にコミットメントしていくという経過を辿っていた。また、高度成長期の前後で妻の仕事内容に変化の傾向が表れていた。

よって本稿では、妻の企業経営への参加過程と、時代による仕事内容の変化に着目し、妻と企業とのかかわりに関して、動態的な分析を行う。その際の妻の「仕事」には、従業者(業主を含む)の食事のしたくや、打ち合わせ中の差し入れ、相談等、家族としての生活の延長ともいえる振る舞いも含めている。妻の企業経営へのかかわりを広く捉えることで、妻の果たす役割について総合的な把握を目指したいからである。

さらに、これらの業主の妻の「仕事」を企業経営との関係で位置づけることは、これまで家計と経営が未分離である「企業以前の経営」(山中1977:40)とされてきた小零細企業の存立を、内実に沿って捉えなおすことにつながる可能性を含んでいると考える。つまり、家計と経営が未分離であるということを、妻が家計を入れ込んで資金繰りという「仕事」を行っていると読み換えるなら、それは企業以前の経営ではなく企業経営ではないのか、という疑念を含んだ問いが背景にあるということである。

妻という家族従業者が具体的にどのような「仕事」をしてきたのか、そしてそのことが「企業経営」にとってどのような役割を果たしていたのかという本稿の視点は、家族従業者に与えられてきた周辺的位置づけをいったん取り払い、現場に降り立ったところから開かれたものである。よって本稿では業主の妻への聞き取りデータをもとに、妻の仕事と役割の歴史的展開に迫っていく。そして、妻という家族従業者が小零細企業に果たす役割の変化と同時に通底してあり続ける特徴について明らかにしたい。

2.　研究の背景と視角

(1)　研究の背景

小零細企業にたずさわる業主の妻は、これまで研究の主体としてほとんど取り上げられてこなかった[(2)]。その理由を解くために、まず、小零細企業そのものに対する研究上の位置づけから見ていくことにする。

磯部(1977:6)は、零細企業は生業的な色彩が強く家族労働を中心として生産あるいは販売に従事する存在であり、「企業以前の経営」とする山中(1977)の見解とほぼ一致すると述べている。また、零細企業は「生業と企業との中間的存在」であるとして、生業から企業への段階を資本と労働の分化過程として表してい

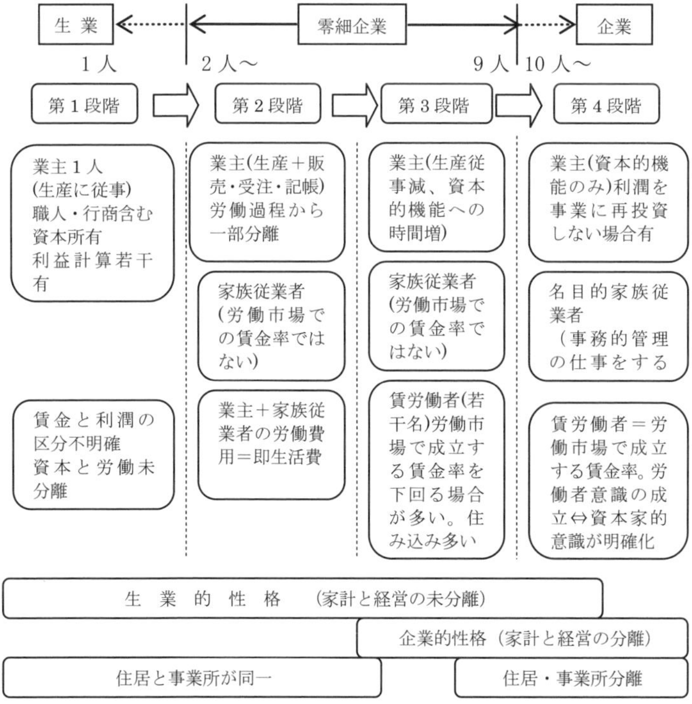

出所：磯部（1977）p6-9より筆者作成

図-1　資本と労働の分化過程の段階と零細企業の領域

る(図-1)。零細企業は第2、第3段階に位置しており、業主は一部労働過程から分離をはじめ、販売、注文取り、記帳などの資本的機能を行うようになるとする。しかし、家族従業者や賃労働者には労働市場で成立する賃金率での支払いはされず、業主と家族従業者の労働費用は即生活費用となり、家計と経営が未分離の場合が多く、事業への再投資は行われないとしている。つまり、拡大再生産への移行の可能性が限定的であり、経営体として後進的であると位置付けているのである。

このように、小零細企業の後進性が指摘される際、家計と経営の未分離と、家族従業者の存在が取り上げられ、理由づけとされてきた(3)。家族従業者がたずさわっていること自体が後進性と結び付けられて捉えられてきた小零細企業研究において、業主の妻が研究対象の主体になり難いことは理解できる。業主+家族従業者の労働費用＝即生活費(図-1)という観念式から、妻の企業経営に果たす役割という視点が導き出されてこなかったことは当然とも考えられる。

しかし、こうして後進性を指摘されながらも、小零細企業は残存し続けた。そして、残存し続ける小零細企業のメカニズムが探られるようになり、存立構造や存立条件が問われてきたのである。隅谷(1970:72)は、「39年(1954年)以降(中略)19人以下の企業層は一貫してかなり大幅に増加してきている」ことを明らかにしている。そしてその説明として「家族労働の利用により労務費の節約は依然零細経営に有利に作用する」「19人以下の零細経営の競争力」を上げて、家族労働が小零細企業にとって重要な存立条件となっていることを指摘している。しかし、それは「労務費の節約」としてであり、「てかず」としての役割を超えた視点は付与されていなかった。

現状に目を移すと、本稿で対象とした大田区の製造業の場合も、今なお見逃せない割合を保ち続けている。4人以下の事業所が57%、19人以下まで含めると90%となり、小零細企業の割合は依然として高い(図-2)。

本稿は、この小零細企業が現存し続けているという事実に目を向け、小零細企業が内包するメカニズムを今一度見直す必要があるのではないか、という大きな課題が出発点となっている。そしてその際、これまで小零細企業研究の分野において周辺に位置づけられてきた業主の妻や家族を積極的に捉えなおし、企業に果たす役割との関係で位置づけを試みたい。

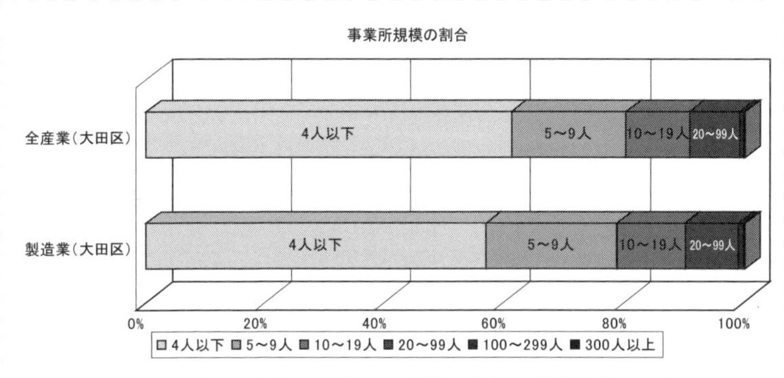

出所：平成18年事業所企業統計調査報告　東京都　より筆者作成

図-2　事業所規模の割合（東京都　大田区）

(2)　先行研究における家族従業者への分析視角

前項で、業主の妻や家族従業者が分析対象の主体とはなかなかなり得なかった背景について小零細企業の研究上の位置づけから整理を行った。とはいっても、これまでの研究で家族従業者について全く言及されてこなかったということではない。また、本稿では敢えて対象として含めていないが、農業研究の分野では、家族に着眼した実証研究も存在する[(4)]。商業、商店研究の分野でも、近年、数は少ないが妻の役割に焦点を当てた研究も発表されはじめている[(5)]。そこで、家族従業者に対する分析視角を先行研究から見ていくことにする。

野村（1998:61）は、日本の就業構造の特色として先進国の中では自営業主[(6)]と家族従業者が際立って多い点を指摘している。中でも農業においては家族従業者数が激減しているのに比して、非農林業においては家族従業者数が安定的であることを1948年から1996年の労働力調査の数字から強調している（野村1998:3）。その上で、大企業、中小企業、自営業主・家族従業者の3つの雇用モデルを提示し（野村1998:68-93）（表-1）、自営業モデルの特色は、労働時間、労働量、働く年齢、家族労働力の利用の仕方、すべてにおける柔軟性であるとしている（野村1998:88）。

「たとえば、ふだんは夫が一人で店を切り盛りしているが、忙しい場合には妻が手伝う。さらにそれに子供が加わることもある。経営がうまくいかなくなって収入が減っても、会社勤めをしている子供が仕送りをしてくれる。すなわ

表-1　雇用3モデルの比較

	大企業モデル	中小企業モデル	自営業モデル
雇　用	終身雇用	非長期雇用	事業継続意思
所　得	家族賃金	擬似家族賃金	家族総がかり所得
妻	専業主婦	パートタイマー	家族従業者
家　族	近代家族	擬似近代家族	前近代家族

出所：野村 , 1998, p93　表 3-2 雇用 3 モデルの比較から

ち家族メンバー総がかりの所得で家族の生計が成り立てばよいのである」(野村1998:88)「独自の生存原理を持つ」自営業モデルが提示され、家族従業者を含めて考察対象に入れることの重要性が示されているといえる。

経済史の立場から、さらに踏み込んで業主の妻の重要性について論じている研究に谷本(2002)がある。谷本は、1908年『東京市市勢調査原表』の「職業上の地位」から、独立者が労役者を上回る高い有配偶率を示していることを指摘し、その要因として世帯形成、すなわち妻の必要性の差異に着目している(谷本2002:33)。独立者は、①貸借をともなうような取引を行なう際の「信用」②労働力、の面から世帯形成の必要性が高いと推論し、とりわけ、労働力としての妻の役割には2つの重要な側面があると述べている。ひとつは、生産活動から発生する労働需要を充たすこと—現場における作業と並んで、経理等の管理業務も無視できない。もうひとつは、「小経営」を構成するメンバーの再生産にかかわる労働—有力な労働力基盤である「住み込み徒弟」を維持・再生産するのに不可欠である。の2側面をあげている。「配偶者は生産・再生産双方の労働需要に柔軟に対応しうる、重要な経営内資源である」(谷本2002:42)という谷本の示唆は、歴史的事実としての資料を積み上げ明らかにされたものであり、重要な論点を含んでいる。これら妻の役割が、現在の小零細企業にも引き続き見られるものなのか否かについては、実際の事例の中で検討し、実態に即して明らかにしていく必要があるだろう。

その意味からも、フィールドワークと参与観察に基づいて商人家族の長期にわたる実態を分析した坂田(2006)の研究は貴重である。坂田は、妻は時間では測れないような貢献をしており、夫婦協働型のジェンダー関係が確認できたとする。また、「店に妻や子供が関わるのは、その人自身の意思」(坂田2006:211)で

あり「夫婦のパートナーシップは必然的に対等性が求められ、互いに自立した関係である」(坂田2006:213)と結論づけている。夫婦協働の中にも、妻の主体的選択と自立を見出した坂田の実証研究からは、家族従業者に与えられてきた受動的位置づけを乗り越え、商人家族の特徴を多面的に捉えようとする試みが伝わってくる。

同じようにフィールドワークと聞き取りという方法を用いて小零細製造業の実態に迫ろうとしたのが徳井(2009)である。徳井(2009)では、小零細製造業の業主と妻の双方に聞き取りを行い、両者の認識の食い違いにも着目しながら実態を探る、というこれまでにない調査方法を用いて、家族協業の態様把握を試みている(表-2)。また、妻が担っている資金調達の方法と手順を明らかにしている(図-3)。結果、①どんなに零細な事業所であっても、「生産」以外の「経営管理」業務が少なからず存在する②経理・資金繰りといったいわゆる「やりくり」は事業の存続を決する重要な仕事である③「やりくり」を行っているのは、多くの場合、業主ではなく、妻や母である④「家計」を入れ込んだ特長的な資金繰りを行っている場合が多いということがわかり、業主の妻が経営の一翼を担って

表2-1　仕事と分担に関する「男」「女」の認識(7)

	業主・配偶者のセットデータ								一方のみのデータ					
	Ⅱ - A 社		Ⅱ - B 社		Ⅲ - Ⅰ社		Ⅳ - O 社		ⅡC	ⅡD	ⅢH	ⅢJ	ⅢK	ⅤT
	主	妻	主	妻	主	妻	主	妻	主	子	妻	母	妻	主
1. 経理会計業務	×	◎	×	◎	×	◎	×	◎	×	×	◎	◎	◎	×
請求業務	×	◎	○	△	×	△	×	×	◎	×	◎	◎	◎	×
支払い	×	◎	×	◎	×	◎	×	◎	×	×	◎	◎	◎	×
銀行との交渉	×	△	△	◎	△	◎	△	△	◎	×	◎	◎	◎	◎
資金繰り	×	○	▲	◎	△	◎	×	◎	◎	▲	◎	◎	◎	◎
2. 雑務	○	△	△	△	◎	▲	◎	◎	×	△	◎	◎	△	◎
3. 納品	△	○	△	△	◎	×	×	×	×	◎	△	×	×	×
4. 営業	×	×	○	×	◎	×	△	△	×	◎	▲	×	×	◎
5. 福利厚生	×	◎	×	◎	×	×	△	◎	×	×	◎	◎	◎	×
6. 製造	○	△	○	▲	◎	×	△	△	◎	◎	△	×	▲	×
7. 受発注	◎	△	○	×	◎	×	△	△	◎	◎	×	×	△	×
8. 企画	×	×	×	×	◎	×	▲	○	×	×	×	×	×	△
9. ﾏﾈｼﾞﾒﾝﾄ	×	△	△	△	◎	×	△	△	◎	×	△	△	△	◎

×＝やっていない　△＝一緒に(相談しながら)やっている　◎＝一人でやっている

○＝主に自分がやっている　▲＝主に配偶者(D 社の場合母)がやっている　網掛けは女性

出所：徳井（2009）p. 306

表2-2　仕事の内容(表2-1の付属)

【仕事項目の内容】

1. 会計、請求、支払い、銀行対応、資金繰りなど
2. 取引先関係の冠婚葬祭への出席、アンケートや調査票の記入等
3. 製品の配達、送り
4. 業務拡大にむけての動き。得意先訪問、宣伝活動、HP 作成等
5. 業務中の休憩時のお茶・お菓子、昼食時の味噌汁の用意、薬や健康診断の手配、社員慰安計画策定など
6. 製造、加工
7. 得意先からの仕事の受注 (FAX や訪問による図面の授受)、

材料の発注、外注先への依頼

8. 新製品、オリジナル製品の提案など
9. 設備計画、長期資金計画 (退職金計画含)、

人員計画、経営計画 (多角化、廃業計画、展望)

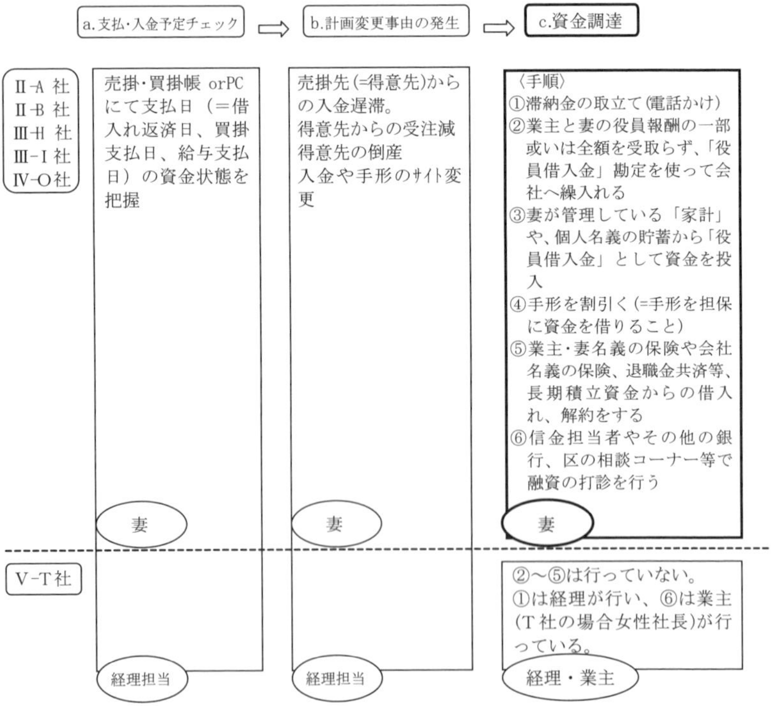

a.支払·入金予定チェック
b.計画変更事由の発生
c.資金調達
Ⅱ-A 社
Ⅱ-B 社
Ⅲ-H 社
Ⅲ-I 社
Ⅳ-O 社
売掛·買掛帳 orPC にて支払日（＝借入れ返済日、買掛支払日、給与支払日）の資金状態を把握
売掛先(=得意先)からの入金遅滞。
得意先からの受注減
得意先の倒産
入金や手形のｻｲﾄ変更
〈手順〉
①滞納金の取立て(電話かけ)
②業主と妻の役員報酬の一部或いは全額を受取らず、「役員借入金」勘定を使って会社へ繰入れる
③妻が管理している「家計」や、個人名義の貯蓄から「役員借入金」として資金を投入
④手形を割引く(=手形を担保に資金を借りること)
⑤業主·妻名義の保険や会社名義の保険、退職金共済等、長期積立資金からの借入れ、解約をする
⑥信金担当者やその他の銀行、区の相談コーナー等で融資の打診を行う
妻
妻
妻
Ⅴ-T 社
②～⑤は行っていない。
①は経理が行い、⑥は業主(T 社の場合女性社長)が行っている。
経理担当
経理担当
経理・業主

出所：徳井 (2009) p309

図-3　資金繰りの流れと分担

いることが明らかにされている(徳井2009:310-311)。

　はじめにで述べたように、本稿は徳井(2009)に続くものである。徳井(2009)で積み残された課題であった、妻の企業経営への参加過程と時代による仕事内容の変化に着目し、動態的な分析を行っていく。妻の役割について総合的な把握を目指すものとする。

3.　研究の対象と方法

(1)　大田区の産業における製造業の特徴

　本研究で調査対象とした東京都大田区製造業の構造変化についてみていく。

1)　大田区の工場数と製造業事業所数の推移

　大田区の工場数と製造業事業所数の変化を図4に表わしている。大田区の工場数のピークは9,190(1983)、製造業事業所数のピークは10,245(1986)であり、いずれもその後減少傾向を辿っていることがわかる。直近の数字は工場数4,778(2005)、製造業事業所数5,953(2006)となっており、工場数はピーク時の52%、製造業事業所数はピーク時の58%となっている。いずれも減少の幅は大きいが、比較すると事業所数のほうが減少率が低い。工場数は減少しても、事業所そのものは残るケースがあると想定される。

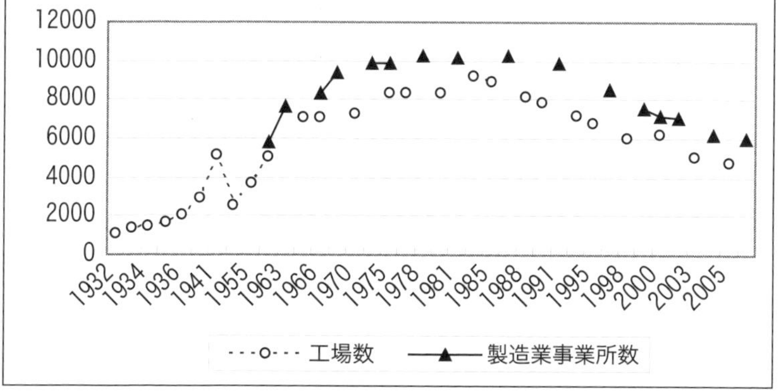

出所：工業統計調査　事業所統計より筆者作成

図-4　大田区の工場数と製造業事業所数の推移

2)　事業所の開設時期別構成比

次に、2006年の事業所企業統計調査報告の数字から、2006年時点で現存する事業所における業種別の開設時期別構成比をみていく。図-5、図-6の2つから、大田区も東京都も全ての業種において1955年から1974年に開設した事業所比

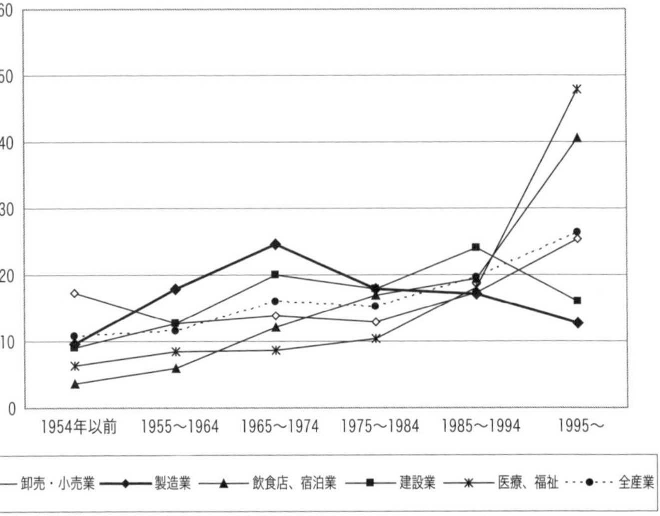

出所：平成18年事業所企業統計調査報告　東京都より筆者作成

図-5　業種別事業所開設時期割合（大田区）

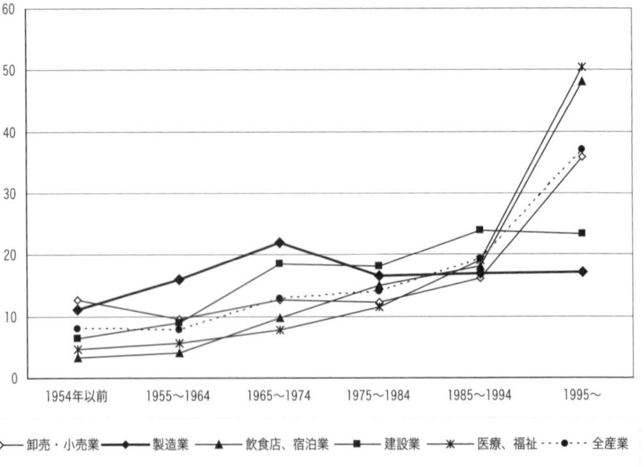

出所：平成18年事業所企業統計調査報告　東京都より筆者作成

図-6　業種別事業所開設時期割合（東京都）

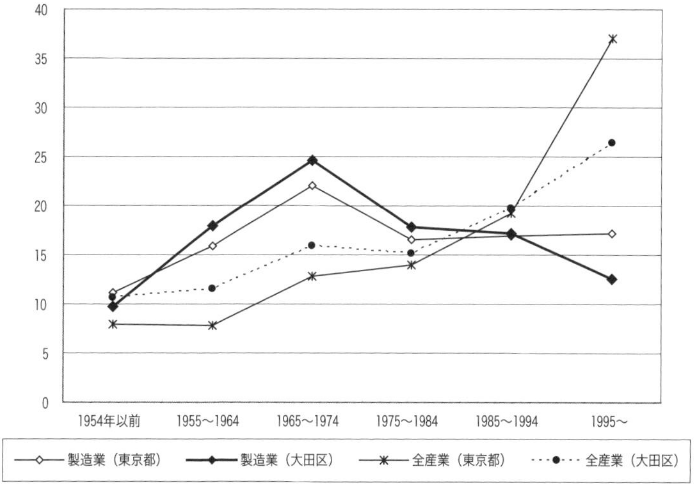

出所：平成18年事業所企業統計調査報告　東京都より筆者作成

図-7　製造業開設時期割合(東京都・大田区)

が高いことがわかる。中でも製造業事業所の比が他の業種に比べてとりわけ高く、さらに大田区ではよりその傾向が顕著に表れている(図-7)。

つまり、現存する大田区の製造業の42.5%が1955年から1974年の間に創業された事業所であり、いわゆる高度成長期に日本経済を下支えした事業所が、他産業とは違う突出した割合で存在しているという特徴を有しているといえる。ただ、高度成長期に開設した事業所の数がそもそも多かったため現在も高い割合で残っているのではないかとも考えられる。よって、次に残存比についてもみることにする。

3）　事業所の開設時期別残存比

図8、図9、は、過去に開設された事業所が現在残っている割合を、開設時期区分ごとに表したものである。2006年に現存する開設時期別の事業所数をその開設時期に現存していた事業所数[(8)]で除して算出している。具体的に説明すると、(2006年時点で現存する1964年までに開設した事業所数)÷(1964年の事業所数[(9)])＝1964年までに開設した事業所の残存割合となり、{(2006年時点で現存する1964年までに開設した事業所数)＋(2006年時点で現存する1965年～1974に開設した事業所数)}÷(1974年の事業所数[(10)])＝1974年までに開設した事業所の

残存割合という方法で算出している。図-8をみると、製造業の残存率は全産業の平均とほぼ一致する結果となっている。つまり、業種別に比較すると、とりわけ開業年数が短くも長くもなくほぼ平均であるということがわかる。次に、図-9で大田区と東京都のデータで製造業の残存率を比較してみた。すると、大

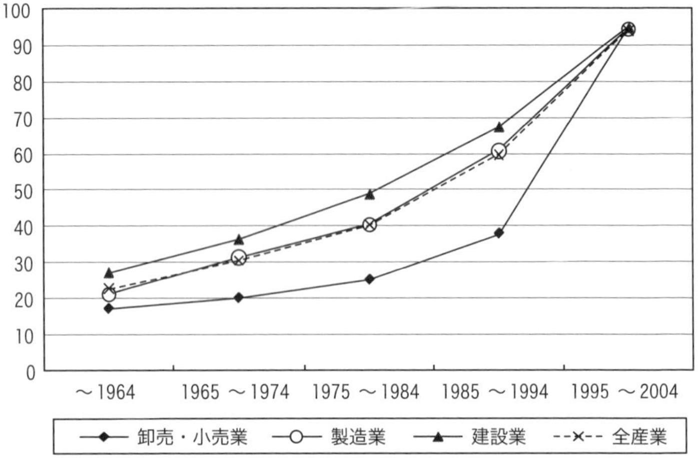

出所：事業所企業統計調査報告より筆者作成

図-8　業種別開設時期残存比（大田区）

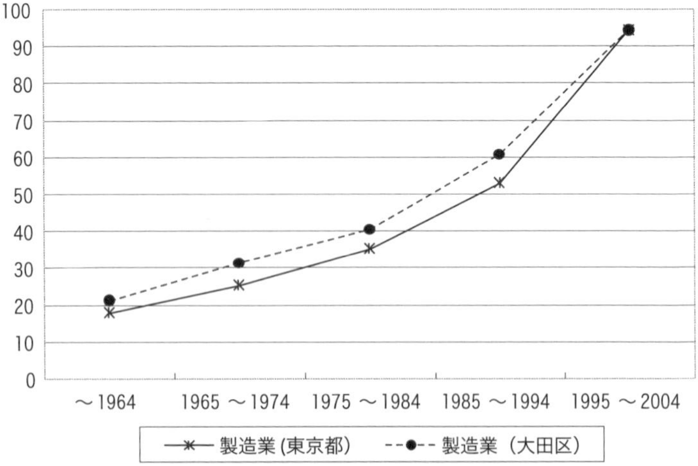

出所：事業所企業統計調査報告より筆者作成

図-9　製造業開設時期残存比（大田区・東京都）

田区の製造業の残存割合が比較的に高いという結果となった。このグラフから、大田区の製造業はサスティナブルであると一足飛びに述べることはできないが、業歴の長い事業所が比較的に多いということはできると思われる。

以上から、より多くの事業所が開設され、現在でも営んでいる事業所が多い高度成長期に着目し、その前後の時期と比較しながら、企業の中で業主の妻の仕事と役割がどのように推移していったのかを整理していくことにする。

(2)　研究の方法

調査の対象は、東京都大田区内にある小零細製造業の経営者、経営者の妻、および経営者の家族とした。調査期間は、2008年1月17日～2010年4月21日。同じ趣旨の質問項目を用いて聞取りを行った15社の経営者の家族女性16名のデータを中心に分析を行っている。質問項目は、妻(11)が事業にかかわるようになった経緯、現場の作業や従業員の世話・資金繰りなど仕事の内容、夫との分担関係、責任の度合いなどである。聞き取りは全て筆者本人がひとりで行い、内容はカセットテープに録音し、データ化している。

4.　大田区小零細企業15社16名の事例から

(1)　本報告における企業の分類定義

対象は東京都大田区内の製造業とし、企業は規模と構成員の属性によってⅠからⅤに分類した。

表-3　本稿における企業分類定義

【企業分類】

Ⅰ	業主1人
Ⅱ	業主＋業主の家族(同居家族)
Ⅲ	業主＋業主の同居家族＋従業者(業主と非同居の血縁を含む)＝9名以下
Ⅳ	従業者10～20名(業主・家族含む)
Ⅴ	21名以上(業主・家族含む)

(2)　創業期から現在までの企業分類の推移

聞き取り対象の妻が属している企業15社を創業年順に並べ、それぞれの企業について創業から現在までの企業分類の推移を表している(表-4)。

表-4　聞き取り対象の妻が属している企業のデータ

会社名	創業	法人成り	会社規模の推移
C㈱	1935	1939	Ⅱ→Ⅲ→Ⅳ→Ⅴ→Ⅳ→Ⅲ→Ⅱ
㈲F	1940	1965	Ⅱ→Ⅲ
㈱O	1945	1970	Ⅱ→Ⅲ
㈲E（E・E'）	1947	1953	Ⅱ→Ⅲ→Ⅳ→Ⅲ→Ⅱ
㈱A	1949	1960	Ⅱ→Ⅲ→Ⅳ→Ⅲ
㈲M	1953	1998	Ⅱ→Ⅲ→Ⅳ
㈲B	1956	1956	Ⅱ→Ⅲ→Ⅱ
㈲G	1959	1979	Ⅱ→Ⅲ
㈲K	1960	1989	Ⅲ
D㈱	1962	1962	Ⅱ→Ⅲ→Ⅳ→Ⅲ
N㈱	1964	1969	Ⅲ→Ⅳ→Ⅴ
H㈱	1967	1974	Ⅱ→Ⅲ→Ⅳ→Ⅴ
㈲L	1969	1969	Ⅲ
J㈲	1979	1983	Ⅱ→Ⅲ→Ⅱ
㈲I	1979	1989	Ⅰ→Ⅱ

出所：聞き取り調査より筆者作成

15社のうち12社が家族のみで創業をスタートしていることがわかる。I社を除く14社がその後従業員を雇い入れたことがあり、また、拡大から縮小へと推移して現在に至っている(分類は変わらずとも人数が減少していることを聞き取りにて確認)。このように、企業の人員数や規模の変化があるということを押さえた上で、妻が企業にどのようにたずさわっているのか、妻の仕事から、企業とのかかわりをみていくことにする。

5. 企業規模の推移と妻の参加状況

企業を創業年順に並べた表-4に業主の妻のライフイベントを重ねあわせ、企業ごとに年表にしたのが図-10である。妻が企業へかかわっていた時期を破線で記している。結婚してから現在までのライフイベントと同時にその時の企業の状況も聞き取りを行い、企業規模の推移もあわせて記入している。

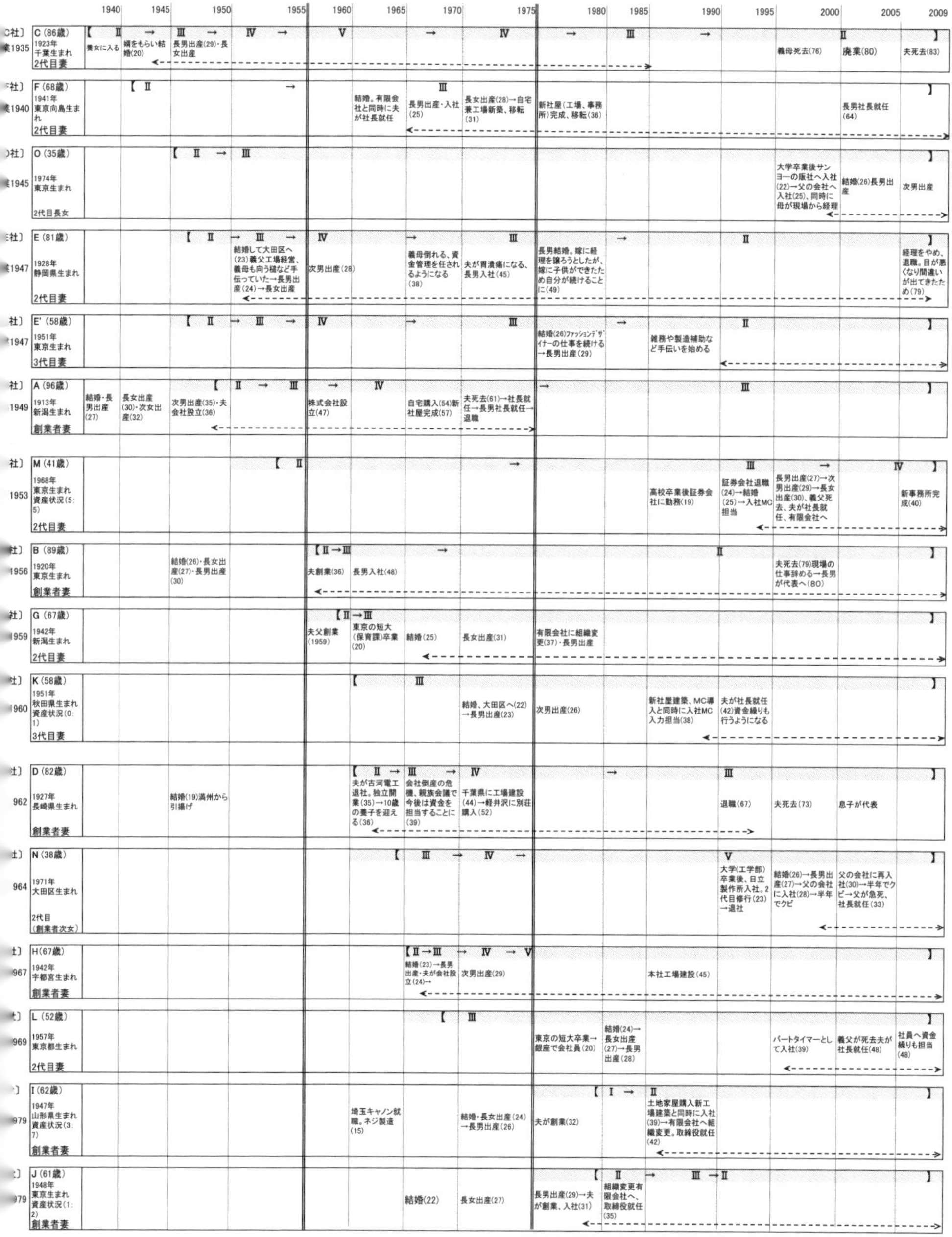

出所：聞き取り調査より筆者作成

図-10　妻の企業へのかかわりカレンダー

C社からL社までの13社が高度成長期までに創業した企業であり、いずれも高度成長期に企業規模が拡大し、社屋や工場を建設するなど経営の活発化が進展していることがわかる。妻は、業主との結婚後、出産というライフイベントをはさみながらも間断なく企業にかかわっており、年金を受給できる年齢となっても退職という線引きをする妻はほとんどいない(12)。

次に、妻が企業とかかわっているその仕事内容と変化についてみていく。

6. 時代による妻の役割の推移

妻の就業開始時期に着目してソートしたのが表7である。ここでは妻が企業にかかわり始めた時期を就業開始としており、図10の破線矢印の始点と一致している。妻の仕事の内容をaからeに5分類し、就業開始時期の違いによる、妻の仕事内容の差異を表している。さらに、業主に対する忖度の度合い、妻のスタンス、業務の権限、自立性、の観点から、「サポート型」「協働型」「自立型」の

表-5　仕事内容の分類

【仕事内容】

a - 福利厚生：従業員の食事の世話や来客への食事差し入れ。従業員のケア、サポート等

b - 製造、配達等、現場の仕事

c - 経理・事務：伝票、帳簿記帳および入力。請求業務、支払い、振込、社保・雇保手続き等。資金繰りなし。

d - 経営管理：資金繰り、銀行等打ち合わせ、決算打ち合わせ、資金計画等

e - 対外活動：業界団体会合、商工会等地域団体の活動、勉強会等への参加

筆者作成

表-6　妻のかかわり方の類型

1 - サポート型：計画、判断は業主が行う。責任、権限も業主が持つ

2 - 協働型：自分が分担している業務に関しては、計画、判断も任されている責任権限も持つ

3 - 自立型：新しい仕事分野への進出企画、これまでの仕組みの見直し、再構築など、自らの発想で行動、計画し、判断も自分主導で行っている。責任、権限も持つ

筆者作成

表-7　妻の仕事と企業へのかかわり方の推移

	年齢	結婚	就業開始	従業上の地位・役職	結婚時の仕事	仕事の変化	現在の仕事	仕事の内容	類型
高度成長期前就業開始	C (86)	1943	1943	取締役→退職	従業員・家族の食料買出し、義祖父の介護、子育て（2人）	残業社員や取引先に食べ物の差し入れ、子育ての比重は義母に、PTAやﾎﾞﾗﾝﾃｨｱ、公職等、義母の介護	引退	a e	1
	A (96)	1940	1949	なし→ 取締役→代表取締役 →取締役→退職	製造補助、寮の管理、従業員・家族の食事支度、子育て（4人）	自宅引越し　寮の管理、従業員・家族の食事支度、預金、資産管理（別荘含）、子育て（4人）、1975年夫逝去により3年間代表となり、長男へ引継ぐ	引退	a	1
	E (81)	1951	1951	なし → 正社員→退職	従業員・家族の食事支度(ご飯2升)、子育て（2人）	1956～経理（担当していた社長の弟が転勤）、MCの製造補助、子育て（3人）、義母から財布を委譲、預金、従業員と家族の食事支度、従業員の管理	79歳で引退	a c	1
高度成長期就業開始	B (89)	1946	1956	なし → 取締役 → 退職	独立前から内職、独立後は製造補助、経理(給与、資金繰含)、電話対応、従業員・家族の食事支度	製造、経理（給与、資金繰含）、寮の管理、従業員・家族の食事支度、預金、子育て（3人）	経理（支払い小切手と社長の給料計算）	a b c d	2
	D (82)	1946	1962	専務取締役 →取締役→退職	電話対応、雑用	設立3年目に会社倒産危機。借入をした親族による会議で資金管理を担当することに決定。経理(給料計算・支給、資金繰り含む）銀行交渉、請求業務、食事支度、従業員管理、社員旅行計画・実行、取引先への心づけ、預金、資産管理(別荘含)、子育て(10歳で養子迎える)	67歳で引退	a c d	1→2
	F (68)	1965	1965	なし→取締役	製造補助、経理、食事支度、子育て（2人）	経理(給与、資金繰含)義母の介護、預金、子育て(2人)、従業員・家族の食事支度、資産管理	電話対応、納品、経理（給与、資金繰）銀行交渉、従業員にみそ汁（食事無し）、節約	a c d	1→2
	H (67)	1965	1966	なし→取締役	子育て(2人)、ごくたまに製造補助	給料計算、預金	給料計算、預金、節約	c e	1
	G (67)	1967	1967	なし→取締役	納品、電話対応、経理	電話対応、経理(給与、資金繰含)、銀行交渉、請求業務、子育て(2人)、預金、従業員・家族の食事支度	電話対応、経理(給与、資金繰含)、銀行交渉、請求業務、節約	a b c d	1→2
高度成長期後就業開始	J (61)	1970	1979	なし→取締役	子育て(2人)、製造補助、経理(給与、資金繰含)、請求業務、銀行交渉	製造補助、経理（給与、資金繰含）、請求業務、銀行交渉、預金、資産管理(賃貸アパート)、孫の面倒	製造補助、経理（給与、資金繰含）、請求業務、銀行交渉、預金、資産管理(賃貸アパート)	b c d	2
	I (62)	1971	1986	なし→取締役	子育て(2人)	工場と家を建築と同時に入社、製造、製造補助、経理(給与、資金繰含)、請求業務、銀行交渉、預金、資産管理、子育て	経理(給与、資金繰含)、請求業務、銀行交渉、資産管理	b c d	1→2
	K (58)	1973	1989	なし→専務取締役	子育て(2人)	MC導入時に入社、電話対応、製造(MCﾌﾟﾛｸﾞﾗﾑ入力、稼動)、経理(給与、資金繰含)、請求業務、銀行交渉、預金、従業員・家族の食事支度、資産管理	電話対応、製造(MCﾌﾟﾛｸﾞﾗﾑ入力、稼動)、経理(給与、資金繰含)、請求業務、銀行交渉、預金、家族の食事のみ、資産管理、義父の介護、孫の面倒	(a) b c d	1→2
	E´ (58)	1977	1990	なし→正社員	子育て(1人)、結婚前の職(ﾌｧｯｼｮﾝﾃﾞｻﾞｲﾅｰ)でﾊﾟｰﾄ。ｲﾝﾃﾘｱｺｰﾃﾞｨﾈｰﾀの資格取得	電話対応、雑用、MC製造補助(取付、はずし、バリ取)、家族の食事支度、子供の受験対応	電話対応、雑用、MC製造補助(取付、はずし、バリ取)、家族の食事支度	b	1
	M (41)	1992	1994	なし→取締役	製造補助、経理、子育て（3人）	製造(MC部門責任者)、経理(給与、資金繰含)、銀行交渉、人事(募集、採用)、管理全般、営業、取引先との打合せ、子育て(3人)、資産管理、業界団体の仕事	製造(MC部門責任者)、経理(給与、資金繰含)、銀行交渉、人事(募集、採用)、管理全般、営業、取引先との打合せ、宣伝、商品開発、子育て(3人)、資産管理、業界団体の仕事	b c d e	2→3
	L (52)	1981	1996	パート→正社員→パート	子育て(2人)	ﾊﾟｰﾄとして入社、電話対応、経理、取引先からの入金確認業務、雑用、従業員・お客・家族の昼食支度	49歳から社員、電話対応、経理(給与、資金繰含)、銀行交渉、入金確認、昼食支度(手伝い程度)	c d	1→2
	N (38)	1997	1999	正社員 →代表取締役	2回退社、3回目の入社(社長の逝去)で代表へ。営業、宣伝、社内体制整備、管理全般・子育て（1人）		営業、取引先との打合せ、宣伝、管理全般、研究会や業界団体の仕事	b c d e	3
	O (35)	2000	1999	正社員→取締役	営業、原価管理、在庫整理、社内体制整備・子育て（2人）		営業、取引先との打合せ、納品、管理全般、業界団体の仕事等	b c d e	3

出所：聞き取り調査より筆者作成

3つに類型し、時代と、企業とのかかわりかたの変化についても記入している。以下に、3つの時期区分それぞれにおける妻の特徴についてみていく。

(1)　高度成長期前就業開始の妻

高度成長期以前から企業にかかわっているC、A、Eはいずれも従業員等の食事の世話が主要な仕事となっていることがわかる。また、Eは経理・事務は行っているが、資金繰りや決算計画等は行っていない。

「できることをやる。取引先さんが来てるでしょ、寒いなと思ったらね、おうどん作って『ハイ』ってね。お盆に載せて持ってって。そしたらね、やっぱりちょっとはうまくいく(交渉が)かなって。ずいぶん後まで、『あんときのうどんうまかったなー』なんて言ってくれましたよ(下請け先の社長が)」(C)

「2升とぐんですよ。その頃男の子たちは食べることだけが楽しみぐらいの。中学おりてくる子達だから、だから食べるものだけは絶対に、うちの義母が餓えさせちゃいけないからっていうんで、自分が食べなくても子供(若い従業員のこと)には食べさせてきたんですよね」(E)

食事の世話や差し入れなど、自分ができることをやって従業員に気持ちよく働いてもらいたいと考えている。夫の仕事、会社が順調に成長することを願って、「夫のため」に企業経営のサポートをする妻の様子が浮かび上がる。いっぽうで、経理・事務は行っても、資金繰りや決算計画等は行っていなかったようだ。

「資金繰りのほうは主人でしたね。おばあちゃんが足りないっていうのは言ってたんでしょ、きっと。私はね、やっぱり嫁はね、なかなか口出しはできない時代ですからね」(E)

C、A、Eいずれも仕事の権限は業主が持ち、計画、判断も業主が行っている。3名とも、夫である業主が会社の運営を円滑に進められるように手助けをしているというスタンスで仕事を行ってきたことが聞き取りから読み取れる。このタイプを本稿では「サポート型」と分類する。

(2)　高度成長期就業開始の妻

会社の成長とともに、従業員数も増え、従業員の食事の世話と同時に、企業経営を行うための経理、事務等の業務も増えていった。夫は主に製造などの現場、妻は経理などの事務作業というように分業が進展しつつも、忙しい時には妻ができる製造補助も行うなど、妻の仕事は多岐にわたっている。また、資金繰りなど会社の資金や資産の管理全般も妻が行うところが増えてきた。妻が会社全般の経営内容を把握していることから、自分のできることは積極的に行うことが経営に効果的であると考え、仕事を行っている。経営把握をするようになったことから、「夫のため」だけでなく、自分が責任を持っている「会社のため」という意識も併存するようになる。

「とっぷりかかわってた。20日過ぎになるともう資金繰りで頭一杯だけど、でも、それで楽しんでた。もう資金繰りは私しかやれないからね(中略)主人は全然知らない。もう売る一方だから。(中略)下手なことはできないわね。(中略)私が昭和とともに生きたと同じで、会社もね、私は会社の創立と共に会社と歩んできたっていうかんじですね」(D)

「お金っていうのはうちの主人は全然ノータッチなの。それでね、最初は3人ぐらい(従業員を)使ったの。で、その子達ほら慣れてないから、給料だけでやれないわけね。で、そのあれを出してやったりしてね。(給料分の仕事ができないために、会社としては持ち出しになるという意味)もう、やっぱしね、大変でした。3人ぐらいのね。で、1日いくらってね、残業いくらってね。でもその当時はね、今よりよっぽど仕事があるし、お金もそんなにね。働けばお金が入ってくるから。だからね、私も、結構やりましたよ(製造の仕事を)。昼間(製造の仕事を)やって、それでそういう計算やなんかやる時間がないから夜(経理業務を)やって、それでそのだいたい10時頃までっていう残業やってましたわね。(中略)(若い従業員が)うちで寝泊りしてたでしょ。だからね、朝昼晩(食事の支度を)やんなくちゃならないから。朝だって5時起きだったわね。11時半ごろになるとお勝手へ上がってきて、それでおかずこしらえて、(昼食を)食べさせたの(自分の子供二人と従業員に)」(B)

「もう、ほんっとに大変。銀行にも頼んで返済計画見直してもらったり。私なんか電気消して歩いたりして、『母さんそんなことしてもたいしてかわらないよ』なんて社長(息子)に言われたりもするんですけれども。なんとかして、少しでも節約して、資金を回していかなきゃどうしようもないですものね」(F)

結婚直後は「夫のため」にサポートするという意識で仕事を行っていたが、資金の管理を行ない経営を把握するようになると、自分の仕事としての自覚が強まってくる。自分が分担している業務に関しては、計画、判断も任され、責任、権限も持っている。「夫のため」だけでなく、自分が責任を持っている「夫の会社のため」に夫と一緒に働いているという点で、「協働型」と分類することにする。

(3)　高度成長期後就業開始の妻

従業員の食事の世話がなくなる。多くは、高度成長期就業開始の妻とほぼ同じ「協働型」であるが、一部に、少数ではあるが、自分の視点を活かして自分が主導して仕事を行っていこうとする動きが出てくる。このタイプは、新しい分野の仕事への進出を目指したり、これまでの仕組みの見直し、再構築を行うなど、自らの発想で行動し、計画、判断も主導し、責任、権限も持っている。

「機械(ＭＣ)が入った時に機械屋さんが教えに来てくれたんですけど、その時主人が電話とったりで抜けて、お前聞いておけって。で、なんだか、私がやることになっちゃって。入力は私だからいなきゃ回らないし、銀行さんなんかも全部私ですし、請求関係、帳簿ももちろん。経理士さんにみてもらってますけどね」(Ｋ)

「社長は丸もの、私は角もの。打ち合わせもそれぞれ。機械も4台、5台でそれぞれ担当別に管理してますから。社員さんと派遣さんも私と社長の担当の方は違うし、部門っていうかんじですかね。ＭＣ入った時に、最初から私が聞いて私がメインで担当したので、もう、角ものは私って。それから、新商品の開発も。工業フェアには部下の社員さんと一緒にブースに立ってます。コースターとか、フラワーベースとか、装飾品とか、自社で商品を開発したいんですよ。そういう新しい分野にどんどん進出していきたいですね」(Ｍ)

「やっぱり、お父さんの背中見て、かな。最初は、嫌だったんですけどね。この油のにおいとか。それに会社の人も○○ちゃんにできるのぉとかって言って。で、最初は、まず在庫の整理から始めました。何でこんなに材料あるの？って。無駄なものがいっぱいあるんですよ。それをいちいち調べて、で、原価も調べて、表つくって。そうするうちにだんだんわかってくるじゃないですか。会社のモノの流れとか、値段とか。それから、変えていきました。朝礼もやって、会議もやって。最初急にそんなこと言ってって反発もあったけど、だんだんみんなもわかってくれて。取引先の評価も上がったし。もっといろいろやっていきたいなって」(O)

業主からの要請により入社するが、時間の経過とともに、自立的に仕事と向き合っていくように変化していく上記のタイプを「自立型」と分類する。

(4)　高度成長期における妻の仕事内容

高度成長期という時代をはさんで、妻の仕事に変化があることが、表-7によくあらわれている。aの福利厚生：従業員の食事の世話等の仕事は、高度成長期後では妻の仕事から無くなっている。高度成長期には、夫の出身地などから中学を卒業したばかりの「金の卵」と呼ばれる若年者を受け入れ、部屋や寮などを提供していた。そういった若者の食事の世話や相談など母親的な役割を主に担ってきたといえる。

「とにかく仕事はあって、働けばお金が入ってくる時代」(E)であった高度成長期を過ぎると、「金の卵」達は独立し始める。また、製造機械の革新などで設備費も高まり、企業の資金調達や資金繰りがより重要となってくる。創業時は個人経営であった企業も、有限会社や株式会社へと法人成りしたため(表-4)、それに伴う帳簿、決算処理などの経理業務のボリュームも増え、仕事はさらに複雑化してくる。そして、法人設立の際に多くの妻が役員に名を連ねることになり(表-7)、公式な役職とともに責任も配分されることとなる。それに伴い、妻の仕事も経理・事務業務、そして資金繰り等の経営管理へと範囲が拡がっていく。すなわち妻の企業へのかかわり方も、「サポート型」から「協働型」へと移行していくのである。

7. 妻の企業経営へのコミットメント過程

(1)　創業前からのサポート

結婚した当初は、夫がまだ創業をしておらず工場に勤めていた場合であっても、妻は内職というかたちで、夫の仕事を手伝っているケースがあった。

「主人が勤めてたときには、私は内職してたの。それこそ穴あけたりなんかして、こういう穴をとりつけてもらったのをカッチャンカッチャンってね、電気じゃなくて、手でこうやる穴あけをね、やってたの。とにかくね、安いでしょ。給料が。だからね、内職しなきゃ食べていかれなかった」(B)

夫には独立開業の夢があり、妻にも製造の仕事を覚えてもらうことを求めている。

「うちの主人は上(工場長)やってたでしょ。で、下の人に(割の良い内職を)やって、下の人がこれはやらないって言うのだけうちへ持ってきて、で、やれって言うのね。(中略)もうとにかく難しいのよね。初めてそういう仕事をするからね。だけど丁寧に教えてくれないから、だから自分がどういう風にやったら一番ね、自分が苦労しないでやれるかなんて考えて、それでやったわよ」(B)

創業前から、すでに妻の仕事上のサポートは始まっていたといえる。

(2)　資金の工面

妻は、夫から要請があればすぐに出せるように、常に手持ち資金を蓄える努力をしていた。

「軌道にのるまでは、プレス踏んだりはしました。夫は会社の話はあまりしなかったですよね。いかに旦那さんに苦労をかけないでやりくるかっていうのが問題だから」(A)

「昔は入ってくればもう、大事に持っててなるべく出さないように。何かのとき困るから。うちの主人どっちかっていうと機械が好きですぐ買いたくなる人なんですよ。だから、今で言う1000円たまりそうになるとそれを全部持って機械を買ってきちゃうんですよ。『あるか』っていうから。ないっていうのは嫌だから、あるっていうと、自分で銀行行っておろしてきて、で、機械買っちゃうんですよ」(E)

「やっと、もし100万なら100万何年かして貯めたのに、『出せ』って言われると。それがやっぱり最初は大変でしたね」(H)

夫の会社のために必要となった時には全て差し出し、それを何度も繰り返している。しかし、そんな中でも、会社の成長や、従業員の成長に喜びを感じている様子が伝わってくる。

「だんだん大きくなっていって、それを見ていて、とにかく嬉しかった

ですね。機械を買ってお金が無くなっても、大変でも。今思うと、やっぱり、楽しかった」(A)

「自分で決めてきちゃって。そのくらいあるな、と思うんでしょ、本人は。だから買ってくんの。だから次から次と機械は入ったんで。だから、年中貧乏だったんじゃないかしら」(E)

コメントからは、業主の妻としての覚悟と経営に貢献しているという自負心とが感じられる。「一度も給料袋を渡したことが無い」(H)と話す妻たちは、全員が、業主である夫の給料、自分の給料の全てを管理している。会社の資金繰りは担当していないサポート型の妻の場合も、「(資金が)足りないってなったら、(業主が妻に資金を)ちょうだいって、そうなっちゃう。いつそれが来るかわかんない。経理を見てるわけじゃないから」(H)と話し、実際には会社の経理業務を行っていない場合であっても、状況を敏感に感じ取りながら、むしろ積極的に自分が管理する家計を繰り入れられるように準備をしていることがわかる。

(3)　「生活」と「企業経営」との関係

事業資金の融通と相まって、従業員に関連することがらも、業主の妻に深くかかわってくる。

「職人さんが入ってるでしょ、そういう人たちがよく貸してくれって言うでしょ。結局主人のところへ言わないで、私のところへ貸して欲しいってくるから。いやだっていうのがいやだから。子供の貯金下ろしてまでも貸したりもしてきましたけどね。出してやると、そうすると辞めて行っちゃったりね。ありますよねそういうのが。いくら借用証書とっておいたって役にたたない。今はそんなばかなことやる人いないわよ」(E)

「社員に全部やっちゃうから、布団ついてるこたつでもなんでも。で、アパートに住ませたりとか。でもね、持ってかれちゃったりとか。(中略)うち、年金手帳が結構あるんですよ置いてかれちゃったの。あれ、どうしたらいいのかなって。ああいう人って、年金、取られるって感覚だから。年金が無いとこのほうがいいって。で、主人はうちは会社組織だからそういうわけにはいかないって。で、何ヶ月かすると、何万も引かれるから、そのままいなくなっちゃうんですよ。辞めますじゃ無くて。前貸ししたりしてるのに。だから、貸して辞められて、取りに行ったら子供が真っ暗いとこにいて、で反対にお小遣いおいてきたなんていうの何回もありますよ。面倒見ちゃう」(H)

人事や採用に関しての決定は業主が行っていたが、従業員から直接申し出があると妻として突き放すことができずに個々に対応をとるという状況があった。経営者と従業員としての関係が必ずしも標準化された社則に沿ったものということではなかったため、ときには「企業経営」の枠を超えたサポートが行われることもあった。こうして「企業経営」が妻の「生活」に踏み込んできたのである。

また、背景には、業主と従業員の地縁関係を含む人間関係も浮かび上がってくる。Eさんは、温泉場で写された1枚の写真を見せてくれた。その写真には、「○○○精機OB会」という横断幕の前に、20名ほどが浴衣姿で写っていた。

(筆者)「えっこんなのあるんですか？○○○精機ＯＢ会」

(Ｅ)「そう、で、この子達は、まだもっといるんですけどね、毎年熱海とか箱根とかへ集まって、○○を囲む会とかって。主人はこれ・・ここにいる。やってくれるんです。ねえ。すごいでしょ。これが社長の自慢」

(筆者)「独特の世界ですね」

(Ｅ)「みんな中学おりて来た子たちなんで。ご飯を食べさせて・・。みんな独立して工場持ってるんで。この人たちはみんな□□です。おじいちゃんも□□ってとこから来たもんですから、そっちのほうからみんな連れてきて、やっぱりよけいかわいがった」

東京都大田区で事業を営んでいる業主、妻本人も地方出身者が多い。同じように地方から上京してきた従業者に対するまなざしの温かさが従業員への対応につながっているのかもしれない。Gさんは、今でも従業員にみそ汁を作っている。

「やっぱりね、人の集まり(出身)も違うじゃない。わりと地方から出てきた人とか。私なんかもやっぱり親のもとから離れてきてその寂しさってよく知ってるじゃない。食事でのつながり、あたたかさじゃないかなって思う。寒いときなんて、出てきて、あったかいみそ汁飲めばって」(G)

小零細企業の内実は、妻を媒介として「生活」と「企業経営」が相互に乗り入れをしながら成り立っていたと考えることができるのではないだろうか。

(4)　企業経営としての自覚

会社の成長とともに、妻の仕事も多岐にわたるようになり、とりわけ、事業資金に関する仕事は、重要な位置づけを持つようになっていく。材料の仕入れ先や、仕事を行ってもらっている協力会社への支払いについては、遅滞のないよう気を配っていた。自社の信用にかかわってくるからである。

「人様には迷惑かけちゃいけないからっていうことで、それはもうほんとに食べるもの食べなくても支払いはしてきましたよ。頑張って頑張ってためたらある日ざーって無くなるっていう」(E)

支払い等の仕事を任されるようになると、資金が足りない時は、まず、自分が管理している家計の資金を入れ込んで処理を行う。しかし、規模が大きくなるに従って、家計の資金の投入だけでは賄えなくなってくる。金融機関との交渉を行う妻もあらわれてくる。

「あの子が子供の頃ね、『ママはね銀行行くときすっごく綺麗なかっこうしてお洒落して行くときとね、普段着のままとんでいくときとあるけどどうして？』っていうからね、綺麗なかっこしていく時はお金を借りるとき、ほいでね、こんなかんじで行くとき(普段着のとき)はね、自分のお金を下ろすときって、そうやってよく言ったもんですよ。借りるときはね、もうみすぼらしい人には、ちょっと信用できない貸せないじゃない？ですから最高の服着てね、お洒落して行くんですよ」(D)

資金の調達を円滑に行うため、自分なりに戦略を練って行動する妻の様子が表れている。こうして資金繰りを任されるようになると、同時に、責任を強く感じるようになっていく。

「お給料は、あたしなんか、もう、とってないですよ。ほんと帳簿上。(中略)主人の給料も管理して返済なんかそれぞれあるから、主人はもうその中からお小遣い。でも今自分は年金があるからね。私なんか年金も出すくらいですもん(中略)」(G)

「結局ちょっと足りないときでも、(夫は)自分の兄弟にはお願いしないし。一緒に働いてる弟にはね。(中略)いろんな部分は全部こっちが背負ってるわけでしょ。もしなんかあったら全部とられちゃう。(中略)わたしそ

ういうのわからない。それがやっぱりストレスよね、私の。なんとも言えないこうね。そこがわからないほんと」(G)

Gは、資金がショートする際、役員にもなっている業主の兄弟には頼まず、自分の実家や兄弟に資金の支援を頼むことがあると打ち明ける。孤独感やストレスと向き合いながらも、自分の責務として資金繰りを一手に引き受けていることが見えてくる。しかし、「でも、それで会社がうまくいくならいいって思う。やっぱりね。いろんな細やかなこと家族の人がやってるって、そんなことはわからないでしょ。でも、それで成り立ってる」(G)という妻の言葉からは、企業経営の一翼を担っているという自負が伝わってくる。

8. おわりに

本稿では、小零細企業の業主の妻が企業経営に果たす役割について、高度成長期という時代背景に照らしながら整理、考察を行ってきた。明らかになったことは、①家計を取り仕切る妻が媒介となって「生活」と「企業経営」が接続している　②妻は、事業資金の調達と従業員のサポートを入口として次第に企業経営にコミットメントしていく　③高度成長期という時代を背景として「サポート型」「協働型」「自立型」と妻のタイプに変化の傾向が表れている　④時代を通じて妻は企業経営にかかわっており、業主の仕事と補完関係にある、ということであった。

時代性への着眼から明らかになったことは、高度成長期を背景とする妻の業主への忖度の度合いの変化であった。高度成長期の前から企業にかかわっていた妻の場合、「夫の夢」に寄り添い、一緒に高度成長期の波に乗っていった。金の卵を受け入れて規模を拡大していった企業において、業主の妻が食事の世話を担当し、貯蓄を差し出して、成長する企業経営を側面から支えていたといえる。また、高度成長期に企業にかかわり始めた妻の場合は、就業当初から忙しく、食事の世話だけでなく自分でできることは率先して分担し、行っていくようになる。「給料袋を封を切らずに妻がもらう」ことは、高度成長期前と変わりないが、高度成長期に就業を開始した妻の場合、自分の裁量において、その給料袋の中身を時には事業資金に繰り入れながら、企業経営により深く関わっていくようになる。「夫の夢」に寄り添うだけでなく、企業経営を自分の責任として遂行しようという自覚が表出してくるといえる。

つまり、金の卵の受け入れによる食事の世話の必要、人数が増え企業規模が拡大する中での経理業務の多忙化、それに連れて資金繰りの重要性の高まり、というように、高度成長期という時代の要請を背景として、妻が受け持つ仕事内容が拡がっていったということである。さらに表4でも示したように、成長の過程で法人登記を行う企業が増え、妻も役員として名を連ねるようになったこととの関係も考えられる。妻が役員になることの多くは、現実的には法人設立の要件としての「あたまかず」の必要性からという意味合いが大きく、そのきっかけは受動的ともいえる。しかし、結果、持ち株として妻にも何割かが配分されることが多く、公式なポジションとともに権利と責任も公式なものとなる。企業経営、経理上の面からも、「役員借入金」勘定科目を使って業主と妻の報酬を運転資金として繰り入れることが可能になり、妻による家計の繰入も、役員による「企業への貸付」ということになるのである。「お給料は、あたしなんか、もう、とってないですよ。ほんと帳簿上」（本稿p.25）というGの言葉がこの現実を如実に表している。つまり、資金繰りを担当する妻にとって、自分の報酬とは、経営状況と資金状況に応じて可変的に調整可能な「手札」としての意味合いを持つともいえるのである。このように、妻は自分の報酬や、さらに「家計をやりくり」して資金を捻出する。また、従業員に対しても個別対応で物心の「面倒をみる」というようなサポートを行ううちに、企業経営が妻の生活に乗り入れ、不可分な状況となっていくことがわかったのである。

こうして妻の企業経営に果たす役割は次第に深化していく。「夫のため」に企業経営をサポートしていた妻が、次第に自分の責務として「企業経営」にたずさわっていくようになるという変化を聞き取りから読み取ることができた。それは、業主の妻として、業主が抱える責務を一緒に受け容れていく過程であるともいえる。

しかし、注目したいのは、変化の傾向よりも、むしろ、通底してあり続ける妻の役割である。とりわけ、筆者が対象とした大田区製造業の場合、「腕一本」で独立した業主の、職人としての製造技能に注目が集まる傾向があり、製造業務にたずさわらない妻の仕事はこれまで不可視であった。しかし、食事の世話などの従業員のサポートや経理、資金繰りなどを仕事として捉え、可視化していく過程で、妻が企業経営にとって不可欠な役割を担い続けてきていたということがわかってきた。30代から90代の妻への聞き取りデータの検討から、時代を通じて、妻と業主の仕事は住み分けされ、各々が企業経営にとって補完関係にあるということが示された。すなわち、妻が「分業による協業」によって企業経営を支えているという特徴があり、それは時代を通じたものであるということが明らかになったと考えるのである。

本稿では、製造や営業など現場業務以外の経理や資金管理、福利厚生などの仕事にも目を向けることで、妻の仕事が企業経営に果たす役割について総合的な把握を試みた。生活の延長ともいえる境界に踏み込んで仕事として捉える、という研究視角から見えてきたことは、「資金」「従業員」という企業にとって不可欠な部分で、妻が重要な役割を担っているということである。妻の仕事と役割を個々の事例におりて検討したことによって、はじめにで述べた「企業以前の経営」(山中1977)との位置づけに対する疑念を解き明かすべく、「業主と家族従業者の労働費用は即生活費用」「家計と経営未分離」の実態と内実の解明に迫ったということにもなるものと思う。

結果、妻がかけはしとなって「生活」と「企業経営」が接続し、妻が「分業による協業」によって企業経営を支えており、そのことが小零細企業の存立にとって重要な意味を持っているということが明らかになったと考える。

注

(1)　本稿で対象とする業主の妻には、かつての業主の妻、すなわち現在は業主の母である場合も含んでいる。

(2)　業主の妻を取り上げた他の研究としては、渡辺睦1981「商工自営業婦人の就労と生活の実態」『明治大学社会科学研究所紀要』No.19, pp.53-153、天野正子(1983)「零細企業における主婦の役割構造」国民金融公庫『調査月報』5月No.264, 13-27、天野正子(1986)「小規模自営業で働く主婦の労働と生活過程」『調査月報』1986.no297。岡山礼子(1970)「都市自営業者家庭の主婦」『家庭と社会』現代婦人問題講座4、君塚宏(1978)「商工自営業婦人の生活と要求」『講座現代の婦人労働・第3巻』があるが、相対的にみて数は非常に少ない。

(3)　氏原正治郎・高梨昌(1977)「零細企業の存立条件」渡会重彦編『日本の小零細企業(上)』日本経済評論社, pp.50-56。

(4)　千葉悦子(2000)「農家女性労働の再検討」木本喜美子・深澤和子編著『現代日本の女性労働とジェンダー』ミネルヴァ書房、渡辺めぐみ(2009)「いきがいの戦略　農業労働とジェンダー」有信堂等がある。

(5)　坂田博美(2006)『商人家族のエスノグラフィー』関西学院大学出版会、荒木康代

(2009)「『自営』という選択―戦前戦後の2人の女性商業者の事例から―」『労働社会学研究』第10号，東信堂，pp.1-33がある。

(6)　野村によるここでの自営業という分類は、自分で事業をいとなんでいるのか、それとも企業に雇用されているのかという基準であるとしている。本来自営業とは個人事業主であって法人ではないため、本稿で対象としている小零細企業の業主は含まれないことになる。しかし、「自営業主・家族従業者は雇用者とは異なる独自の生存原理を持っており、『中小零細企業』として(中小企業に)一括されてはならない」と述べているため、本稿で対象としている小零細企業と重なる部分が大きいと考える。

(7)　2008年1月17日～3月6日に、同じ質問票を使って筆者が聞き取りを行った東京都大田区内の小零細製造業10社のデータである。社名を表すアルファベットの前のローマ数字Ⅱ～Ⅴは、本稿の表3企業分類と同一定義である。

(8)　過去の事業所数に関しては、直近の事業所統計の数字を参照しているため誤差があるが、業種比較、大田区と東京都比較が目的であり、全て同じ条件で算出していることから、参照になると判断し、掲載することにした。

(9)　実際には注8で述べているように直近の事業所統計の数字を参照しているため、この場合は1963年の数字となる。

(10)　実際には注8で述べているように直近の事業所統計の数字を参照しているため、この場合は1975年の数字となる。

(11)　16名の内訳は、現在の経営者の妻8名、経営者の母6名、経営者の長女1名、経営者1名(創業者の次女)である。母6名も以前は全員経営者の妻だった。よって、以後は母、娘も含めて、便宜上「経営者の妻」とする。

(12)　Dの場合のみ67歳で退職という正式なかたちをとっている。代表から要請があれば個人的な資金の拠出はまれに行なうが､企業経営にはかかわっていない。夫の死後、養子が代表を継いでおり、養子への配慮がうかがえる。

[文献]

荒木康代(2009)「『自営』という選択―戦前戦後の2人の女性商業者の事例から―」『労働社会学研究』第10号，東信堂，pp.1-33。

石井淳蔵(1996)『商人家族と市場社会』有斐閣。

磯部浩一(1977)「零細企業の本質について」渡会重彦編『日本の小零細企業(上)』日本経済評論社，pp.5-16。

鄭賢淑(2002)『日本の自営業層』東京大学出版会。

勝俣達也(2008)「『高度成長期』における中小零細経営者の生活史とその独立にみる個人―組織間関係について」『労働社会学研究』第9号，日本労働社会学会，東信堂，pp.34-59。

熊沢誠(2000)『女性労働と企業社会』岩波新書。

野村正實(1998)『雇用不安』岩波新書。

坂田博美(2006)『商人家族のエスノグラフィー』関西学院大学出版会。

佐藤(粒来)香(2004)『社会移動の歴史社会学』東洋館出版社。
隅谷三喜男(1970)「零細経営の経済理論(1)」『経済学論集』36巻第2号 東京大学, pp.65-73。
谷本雅之(2002)「近代日本の都市『小経営』」－「東京市市制調査を素材として」中村隆英藤井信幸編著『都市化と在来産業』日本経済評論社,pp.3-49。
谷本雅之(2003)「近代日本の女性労働と『小経営』」『日本近代国家の成立とジェンダー』柏書房, pp.145-187。
千葉悦子(2000)「農家女性労働の再検討」『現代日本の女性労働とジェンダー』ミネルヴァ書房, pp.86-123。
徳井美智代(2009)「小零細製造業における業主の妻の役割ー東京都大田区の事例から」『日本中小企業学会論集』第28号, 同友館, pp.299-312。
氏原正治郎・高梨昌(1977)「零細企業の存立条件」渡会重彦編『日本の小零細企業(上)』日本経済評論社, pp.43-75。
渡辺めぐみ(2009)「いきがいの戦略　農業労働とジェンダー」有信堂。
渡会重彦編(1977)「日本の小零細企業(上・下)」日本経済評論社。
山中篤太郎(1948)『中小工業の本質と展開』有斐閣。
山中篤太郎(1977)「付　零細企業に対する諸見解」渡会重彦編『日本の小零細企業(上)』日本経済評論社, pp.40-42。

(北海道大学大学院教育学研究科)

【論文】

理容業における労働と技術
――制度化の視点から――

The Institutionalisation of Barbers' Labour and Techniques:
A Historical Perspective

藤﨑 朋子
FUJISAKI, Tomoko

This paper aims to examine the process by which barbers' techniques and labour became institutionalised in the formative years of the barber industry in Japan. Drawing on secondary sources and interviews with the staff of a vocational school, the paper focuses on the role of a textbook on haircutting theory, which was widely consumed among barbers and students at barber schools and that was responsible for the consolidation of what was then considered to be standard techniques. The training of barbers, which had hitherto been based on the apprentice system, was unified into school education system during the 1950s that called for a partial amendment of the Barber Law. Meanwhile, with a view to ensuring barbers' efficiency in work and management, the Barbers Union brought the theory and techniques of haircutting into modules at barber schools. The findings demonstrate that, although the standardised techniques of haircutting promised barbers rational labour, their uniformity turned so obsolete in the wake of Japan's consumer society in the 1970s onwards that they have held little appeal to students in hairdressing. As a result, the standardisation of barbers' techniques and labour has given rise to conflict, which has eventually led to the decline in the number of barbers in favour of beauticians.

1. 問題の所在

(1) 本稿がとらえる理容業の特徴――美容業との比較において

現代日本の調髪業を構成するのは、理容業と美容業である。「白衣着て神を整う彼の前に大臣もなし乞食もなし」（米倉1956、2）という言葉にも象徴されるように、調髪業は多くの人々の日常生活に欠かせない職種であり、世界的にも古い歴史を有している。理容業と美容業は、手職であり熟練労働によって仕事が成立し、経営形態が中小企業[(1)]という共通点をもつ。

一方で、両者には大きな相違点が存在する。その一つは、今日における理容師と美容師の数の違いである[(2)]。2009年3月現在、理容師は244,667人、美容師は443,944人と、理容師の数は美容師の約半数であり、理容業者らの間では業種の衰退が憂慮されて久しい。理容師の数は、戦後には増加を続けたものの、1970年代半ばには頭打ちになった。一方、美容師の数は今日にいたるまで増加しつづけている。厚生省が統計調査を始めた1949年には理容師110,338人、美容師45,213人であったが、1979年に理容師と美容師の数が逆転した。

そして、いま一つの相違点は――理容師数の減少にも関わることであるが――戦後において理容業のみに見られた労働と技術の標準化である。さしあたり本稿では、「技術[(3)]」を過程(理容)における主体(労働)と客体(対象と手段)の媒介様式と定義する。

「標準化」には、まず「標準とされる労働・技術」が設定された上で、それを「全国の理容師に広める回路」が必要である。

前者については、現在の同業者組合「全国理容生活衛生同業組合連合会[(4)]（以下、全理連)」の前身組織にあたる「全国理容連盟[(5)]」が1950年に「中央高等理容学校」を設立した。そして当校の講師が理容労働・技術の理論化をおこない、「標準とされる労働・技術」が設定されたのである。

後者については、二つの回路が存在している。一つは、中央高等理容学校の講師および卒業生による講習会が、都道府県組合および支部の組織網において開催され、これらの技術が全国の理容師に広まるという仕組み。そしてもう一つは、本稿の焦点でもあるが、全国の理容学校でもちいられる「教科書」に、この合理化された労働・技術理論が盛り込まれたことである。理容学校の教科書は、1953年より、日本で唯一の理美容学校用教科書を作成する機関である「日本理容美容教育センター」(理美容学校団体等の出資により設立)を通じて発行されるようになった。そのため、理容師になる人であれば誰でも「教科書」からこの理論を学ぶことになったのである。

「標準化」の経緯において興味深いのは、すべてのプロセスを同業者組合が主導している点である。同業者組合が、労働・技術を統制し、全国組織網を駆使することによって「標準化」は推し進められた。これは、理容業のみに見られる特徴である。なぜなら、一方の美容業界には、当時、全国統一組織すら存在していなかった。その上、1957年にようやく美容業の全国組合組織が結成されても、理容業のように業界全体を挙げて労働・技術を全国的に標準化しようとする動きは、まったく見られなかったからである。

(2)　先行研究における本稿の位置づけ

本稿では、理容業の労働・技術の標準化を、理容業における近代化であるととらえている。理容業は、国内需要に立脚し、熟練労働によって、零細自営という経営形態[6]で、男性のヘアスタイルをかたちづくってきた職業である。

理容業を対象化した先行研究は、国内では柴田(1971)を除き、管見のかぎり見当たらない。しかし、理容業ではないけれども、内需、熟練労働、零細自営、という点に通ずる研究およびその歴史的見地に立った研究では、桶職人や宮大工や竹籠屋など自然を相手とする職人の熟練労働とそのキャリア形成プロセスである徒弟制度を詳細に記録した塩野(2001)、江戸から明治における北海道のニシン漁業における経済の構造的な変化を「プロト工業化」および「資本主義的生産形態の芽生え」として説明したハウエル(2007)、陶磁器産業を題材として技術と芸術が融合した「型」が労働に導きを与え、高い普及力をもつと指摘した十名(2008)など、興味深い成果がある。これらの先行研究では、資本主義経済の進展のなかで存続が危ぶまれる伝統産業の労働過程を明らかにし、労働の効率化の試みを示し、国家社会におけるその意味や新たな位置づけをとらえ直すという作業をおこなっている。

本稿でとらえる理容業は、日常生活に不可欠な職業であり、手職(機械生産に直結しない熟練)であるという特徴を有している。理容業は、人間の頭部および顔面というデリケートな部分を扱うため、多くが手作業である。理容技術の歴史を振り返ると、代表的な機器である「電気クリッパー(バリカン)」の導入[7]という道具の革新があり、これは「労力と時間の能率をはかった」(教育センター 1968、50)と評価されている。確かに、電気クリッパーは理容師の労働を軽減した。しかし、電気クリッパーだけで調髪ができるスタイルは「丸坊主」だけであり、大きな技術革新とはいえない。他のヘアスタイルは、技術の大部分が手にはさみをもちいての作業となる。

これらを踏まえたうえで本稿は、「理容業では、機械などの近代的生産システムを有しないからこそ、かわりに独自に労働・技術の標準化がおこなわれたのではないか」との観点に立っている。そして、未だ明らかにされていないその内容と経緯を検証し、解明に迫るという点に、本稿の意義があると考える。

(3)　本稿の構成

本稿では、1953年に理容師の養成が学校制度化された際、教科書『理容理論』によって理容労働・技術が実質的に統制されたことに焦点をあてる。そして、それがもたらした労働と技術の標準化によって、現代の理容労働過程が統制されていく過程が確立していく経緯を検証することを目的とする。とりわけ、本稿では理容技術が標準化される原点となった教科書『理容理論』の分析を中心に論を展開する。『理容理論』は1953年以来の課目名である。1998年から『理容技術理論』に改称され、章構成の改訂などの変化もあったが、内容そのものは50年以上変わらない。

調査は、文献調査を中心としている。また、理容師歴50余年の現役理容師であり教育活動や組合活動において中心的役割を果たしてきたA氏や、数名の業界関係者にたいして2009年9-11月と2010年9月に聞き取り調査をおこなった。さらに1950年代に活躍した理容師、米倉(1956)、大場(1990)らの著書で理解を補った。

理容労働・技術の制度化は、戦後の日本社会において理容業・美容業の位置づけが確定して養成体制が確立したこと、そして理容組合による労働・技術の標準化がおこなわれたこと、という同時代における二つの流れが合流した帰結として把握される。そのどちらか一方が欠けても、理容労働・技術の統制は、歴史的に成立しないものであった。したがって本稿は、理容師の仕事とその熟練とは何かを検討し(第2章)、理容労働・技術の統制を主導した理容組合の成立をふまえた上で(第3章)、理容師の身分規定がなされた理容師法から始まる理容労働・技術統制の歴史過程を概観し(第4章)、理容組合が設立した中央高等理容学校が主導した理容労働・技術統制の内容と理念を分析する(第5章)。そのうえで、本稿を締めくくる。

2. 理容師の仕事と熟練

(1)　理容師の仕事

理容学校で用いられる教科書の定義では「髪を切ったり、顔を剃ったりして、人の容姿を整える仕事が職業としての理容の役割」とされている(教育センター2008、6)。その具体的内容は、まず頭髪にたいする「衛生処置」としてシャンプー、そしてカット(これはデザインおよび衛生処置の意義があるが)、セットおよびカラーなどのヘアスタイル造形、髪の損傷や薄毛、肌荒れなどにたいしてのヘアケアおよびスキンケア、さらに近年ではマッサージなどのリラクゼーションが含まれる。理容店は不特定多数の人が出入りし、素手や器具を介して施術をおこなうことから、これらすべての作業で消毒などの衛生処置が必要とされる。

(2)　理容師にとっての熟練とは

数ある理容師の仕事のなかで主体となっているのはカットであり、本稿も、第5章でカットの標準化について事例報告している。よってここではカットをテーマに、理容師にとっての熟練とはどういうことかを検討する。また、現場の声がなければ判断できかねたため、理容師歴50余年のA氏に話をうかがった(2010年9月)。

まずA氏に20代の頃とくらべて、70代の現在でできるようになったことはあるかを尋ねた。A氏は「20代の頃にできなくて今できるようになったことはない。あるところまででほとんどの技術をマスターしているから、種類が増えるのではなくて、仕上がりが良くなるというか、深くなる」と話した。深くなるというのは、「単純に言えば、同じことを仕上げるなら短時間でできるようになる。同じ時間をかけるならもっとうまくできる。うまさにはきりがない」とのこと。またA氏はインタビュー中に「絶対的なうまさというのはない」と繰り返した。

熟練の意味は辞書によると「よく慣れていて、じょうずなこと」(『広辞苑 第五版』)である。理容師に「じょうず」という評価がなされる場面は二つあり、一つは理容業界内での評価、そしてもう一つ重要なのは店舗で客が満足するかである。「コンテストのうまさと、〔お客さんにたいする〕店でのうまさというのはなかなか一致しない」(A氏、〔　〕内は筆者注)ということだが、まずそれぞれについて整理する。

1)　理容業界内での評価

理容業界のなかで評価がおこなわれるのは、厳密にいえば理容学校生が受験する①理容師資格試験と、そして、②全国理容競技大会（全理連主催のコンテスト）が代表的である。

①理容師資格試験

理容師資格試験は、1990年以前は各都道府県、それ以降は厚生省の外郭団体である理容師美容師試験研修センターが実施している。学科試験と実技試験があり、実技試験の審査員は、各地区の組合講師と学校の先生から構成されている。

本稿では第5章で中髪型（ミディアムヘア）の標準化について分析をおこなったが、このミディアムヘアが実技試験の課題であり、減点方式で採点される。試験では、全理連の講師によって執筆された教科書『理容理論』（または『理容技術理論』）どおりに実行できているか否かが問われる。評価の規準はあらかじめ決まっており、具体例を挙げると、「はさみや櫛、クリッパーの持ち方と操作がたどたどしい場合」、「固定刈・連続刈・すくい刈・指間刈の各技法が不確実な場合」、「もみあげの左右の位置や厚みが違う場合」などは減点の対象となる(8)。

つまり、合格基準となるモデルもそれを実現する方法手順も教科書で示された上で、その規準をクリアしているかが理容師資格試験の合格において重要となるのだ。

②全国理容競技大会

全国理容競技大会は、国内における理容の競技会で一番大きい大会であり、全理連（1957年までは前身の全国理容連盟）が主催している。第1回は、1948年に東京都で開催され、2010年も62回目の大会が香川県で開催された。毎年おおよそ、第1部門クラシカルカット、第2部門レディースカット、そして第3部門ニューヘア、というように競技部門が設けられ、それぞれ決められた時間内（いずれも35分程度）に仕上げなければならない。

本稿では第3部門のニューヘアを例として、競技大会における理容師への評価を検討する。ニューヘアとは、全理連が1975年から毎年発表しているデザイン性のあるヘアスタイルであり、発表と同時にそのカット方法が全理連機関誌で紹介される。

筆者が競技会ではどのように順位が決まるのかA氏に尋ねたところ、「まずは種目の規定[9]を満たしているかどうか」とのことだった。その年の「ニューヘア」をいかにうまく表現しているかである。ここで重要なのは、デザイン競技ではなく、あくまでスタイルが決まっているので、ニューヘアとまったく異なるスタイルは無効とされることだ。表現方法、デザイン、カラーなどに細かな規定があり、これらの条件を満たしたうえで、さらにモデルに似合っているか、ヘアスタイルと衣装のトータルでテーマを表現できているかが総合的に評価される。「それぞれの作品は、一般の人が見ても上手・下手がわからない微妙な差」(A氏)であり、10名ほどの審査員が点数をつけて集計する。「同じ規定にしているから、こっちとこっちで違ったスタイルっていうのはないけど、モデルの毛質などが違うから、微妙にみんな違う。審査員の意見は一致しないこともある」(A氏)。

つまり、全国理容競技大会は「完成のスタイルが示された上で、完成度がどれだけ高いか」(A氏)を競うため、選手はそのスタイルにあったモデル(身長や顔の大きさ、毛質を考慮して)を選ぶところから始まり、規定を満たすようにヘアスタイルをデザインしてカットする。あらかじめ完成の形と実現方法が示され、選手はその範囲内においてニューヘアを実現すべく作品をつくり、順位がつけられる。審査側からすれば、独創性といった自由な部分を評価するのではなく、いかに決められた課題のニューヘアを完成度高く表現するかを見るのである[10]。

2) 客の満足

一方、たとえば競技会の優勝者が必ず客を満足させられるかと言えばそうではなく、未熟な技術者がカットしても客が満足することもある。「下手なやつ〔理容師〕がやっても気に入ればお金がもらえるんだから、それはその人〔客〕にとってうまい〔理容師である〕。だから絶対評価はない、我々の場合は」(A氏、〔 〕内は筆者注)。つまり、誰に対してうまい理容師なのかが重要となる。

A氏は「お客さんの思っていることを失敗なく表現できるのが、ある意味でうまいといえる」と述べた。客と話しながら、客がどのようにしたいのかを理解し、頭のなかでデザインしながら、施術する――これをどのような客にたいしてもおこなえる理容師である。そのためのポイントとして、A氏はまず客と理容師の歳が近いことを挙げた。世代が違うと、共有する世界が異なるために、意図が伝わりにくいという。

「若い人〔客〕が若い人〔理容師〕にやってもらうと感覚が似ているから、技術がうまくないかもしれないけど自分の言っていることがわかって、技術で表現してもらえる可能性はある。けれど、若い人の頭を50〔歳〕の年寄り〔理容師〕がやったらもっとうまくできるかっていったらその可能性は低い」(A氏、〔　〕内は筆者注)。

「たとえばEXILE〔歌手とダンスのグループ〕とかの髪型をやる人は同じ年代か下か、ちょっと上くらいで、我々ができそうでもやっぱりダメなのよ。できない。ようするにやってもらう方が気に入らない、たぶん。それは技術のうまい下手とはまたちょっと違うんだよな、満足するっていうのは」(A氏、〔　〕内は筆者注)。

また、おなじ理容店に1-2年くらい通う得意客になれば、おおよそ一つのヘアスタイルに定着するので(A氏)、理容師は「お客さんのことを思っていることを失敗なく表現できる」可能性が高くなる。加えて、得意客の存在は、店舗の経営に直結する。「理容師にとって一番怖いのは客を失うことであり、次回も来てもらえるように、客に気に入ってもらえるようにやらなければならない」(A氏)。もちろん来なくなる客もいるのだが、満足すれば10年、20年通う客もいる。店舗が人通りに面した立地にでもないかぎり「ずっと気に入ってくれるお客さんがいなければ、店をたもっていけない」(A氏)のである。

以上から、店舗において「じょうず」な理容師かどうかは「一人一人の客の希望を技術で表現できるかどうか」であると考えられる。そして、その可能性を高めるためには、理容師と客の年齢が近いこと、得意客が多いことがポイントとなる。

3)　理容師にとっての熟練

節の冒頭に、熟練とは「よく慣れていて、じょうずなこと」と広辞苑から引用した。そして、「競技大会」と「店舗」の二つの場合において理容師が受ける「じょうず」という評価について検討した。「よく慣れている」ことは、「競技大会」や「店舗」において理容師が「じょうず」であるための前提条件だといえるだろう。

「我々の仕事っていうのは、お客さん10人いると10人全部違う。10人の違いを全部練習できるわけではないから、練習のときには基本パターンがあるでしょ。ミディアム。ミディアムやっておくと、長いのも短いのもできるわけ。ミディアムをやったら、ブロースっていって全部短く切るやつ。そのあとデザインカットっていって全部(髪の毛が)寝かしてあるやつをどう切るか。男性客の場合にはこの3つのパターンの練習をある程度しておけば、お客さんがきたときに対応できるってわけだね」(A氏)。

談話から明らかになるのは、理容師にとって「よく慣れる」とは、標準化されたヘアスタイルのカット技術の練習を指すことである。「基本パターン」とは、本稿第5章であげたヘアスタイル4類型のことを指している。また「ミディアム」とは、第5章(2)カットの方法でその標準化内容を分析している中髪型のことであり、「ブロース」も第5章(1)ヘアスタイルの決定方法であげる4類型のうちの短髪型にあたる(本稿は、1950年代における技術の標準化をテーマとしており、1970年代半ばから加わった「デザインカット」は論旨の範囲を超えるため言及していない)。

つまり、本稿が対象化している標準化された理容労働・技術こそが、やはり理容師が日頃から練習している基本である。理容師はこれらを習得したうえで、店舗で客に施術し、競技会でカット技術を競う。

しかし、そうであるならば、同じ標準化内容を身につけた「若手理容師」と「先生と呼ばれる理容師」では何が違うのだろう。A氏によれば「ほとんどキャリアの違い」とのことであった。理容師歴が同じであれば大して差はないが、キャリアが5年程度違えば技術だけでなく知識や接客の仕方、そして「客がこうしたいと思うことを技術で表現できる可能性」という点で差がでてくる(A氏)。その差は、どれだけ現場で客と接したかという経験の差である。なぜなら、練習では、頭の形や毛質などが一定である「ウィッグ」を使うため、「本当のスタイリングっていうのはできない」(A氏)からだ。

客の希望を技術で表現するのが「じょうず」な理容師であるならば、教科書『理容理論』の標準化された技術を身につけること、および、理容競技大会であらかじめ提示されたスタイルを再現するという課題は、どちらも「客のしたいことを表現するための有効な訓練」であると考えられる。なぜなら、たとえば客が希望のヘアスタイルとして雑誌の切り抜きを持参した際には、理容師はそれを正確に模倣したうえで､客に似合うように少しアレンジしなければならない。切り抜きのモデルと客は「顔や頭の形」が異なるからだ。また、雑誌の切り抜きでなくても、客がヘアスタイルの希望を口頭で伝えた場合も同様である。理容師は頭のなかでそのヘアスタイルをイメージし、客に似合うようにカット技術で再現していかなければならない。

以上から、本稿は、「理容師にとっての熟練」とは、「標準化内容を身につける練習」と､「現場での客への施術」という二つを往復運動するあいだに見いだされるものであると考える。理容師は、現場で客に施術する際、教科書にある標準化された労働および技術のようにはいかないことを経験するだろう。規範どおりにはならないのである。そして、そのギャップを埋めるべく、規範に近づくようにいかに対処したか、規範に近づけないのであれば別にどのような方法を使ったか、何度それを経験したかが、理容師にとって重要な蓄積となる。これはA氏のいう理容師の「キャリア」ではないだろうか。規範と現実とのあいだにあるギャップを、理容師が自分なりに工夫して、最終的に規範らしく見せること――これが理容師にとっての「熟練」であると考えられる。

3. 理容組合の成立

本論へ入る前に、さしあたり理容技術の標準化をめぐる背景として、組合を中心とした理容業の歴史について整理する。なぜなら、先にも述べたように、労働と技術の標準化は理容業でのみ見られるものである。そして、理容業で労働・技術の統制がスムーズかつ徹底的におこなわれた背景には、同業者組合による主導がきわめて有効にはたらいてきた歴史的営みを指摘することができるからである。

まず、戦前の理容所は、伝染病対策の観点から衛生警察の管轄にあった。1901年、衛生警察による「理髪営業取締規則」の運用のため、警察署単位に理容組合が結成されている。衛生警察の目的には、伝染病の取り締まりのほかに“思想の衛生”も含まれていた。というのも、理容所は調髪にとどまらず、従来、情報交流の場であったからだ。戦前の警察権威を後ろ盾とした、理容業の組合組織の結束は強固であった。

しかし「衛生」という目的のもとに結成された当時の理容組合が、実際におこなった活動といえば「店舗間距離制限」「新規参入者の制限」など同業者間での営業規制である。警察組織に準じた同業者組合組織による営業や労働の統制は、理容店主らが簡単には逸脱できず、必然とその体制のなかに組み込まれるものであったと考えられる。

本稿は、このような、戦前にさかのぼる理容組合を中心とした強固な紐帯の歴史を、戦後の理容業界において組合主導で労働・技術の統制がスムーズかつ徹底的におこなわれた一つの要因として位置づけている。

一方、美容業界では、理容業界のような業界が一丸となった労働・技術の標準化はおこなわれなかった。戦前の美容師の組織は理容組合の婦人部として存在していたが、戦後はひきつづき理容組合の傘下のもとに活動するか、それとも美容業単独の組織をもつかで、意見が分かれ、派閥がつくられた。美容業が全国組織として一つの組合をもったのは1957年のことであり、明治時代に起源をもつ理容組合とは対照的である。

また、明治から大正時代における草分け的存在の美容師らは、それぞれの流儀を備え、独自の技能を継承するために美容学校を設立していた(11)。技術的にも個性を競いあっていた美容師たちは、理容業のように全国統一的な技術の理論化を図ることなど、考えもしなかったのだろう。実際に、本稿が対象化する理容業の労働・技術の標準化にあたるものは、今日まで美容業界に存在しない。

以上から、戦後の理容労働・技術の標準化が理容業でのみおこなわれた背景には、理容業が戦前から警察に準じた全国的な組合が組織されて、そこですでに営業統制が実施されたという固有の歴史があることが確認できた。理容業界が一致した利害関心のもとで集合的行為を展開するのは、戦前から珍しいことではなかった。戦後に、組合の主導によって理容労働･技術が統制されたのも、「業界全体として」理容師の資質の向上が望まれたからといわれている（全理連、1998、51）。

4. 理容労働・技術における制度化の過程
──「理容師」資格の成立と養成方法の確立

(1) 「理容師」資格の成立と業務範囲──理容師法

戦後における理容技術の制度化は、1947年の「理容師法」の制定をきっかけとしたものである。当時の「理容」とは「理髪」と「美容」から一字ずつとったものであり、両業を指している(1951年から「理容」「美容」という現在の呼称が法律上使用されていることから、本稿では「理髪」は「理容」と表記する)。

理容師法は、業界のあり方を「衛生業としての理容／美容業」と位置づけ、「理容業／美容業の業務区分」を規定して差別化をはかった。

これらの指針から、理容業界は、理容労働・技術の標準化に明確な目標を得たのである。しかし、それによって後に、現実の消費者の動向とたびたびジレンマを引き起こすことにもなった。それでは、理容師法における二つの指針が現場にもたらした影響を以下でみていこう。

まず「衛生業としての理美容業」であるが、「理容師／美容師の免許を受けた者でなければ、理容／美容を業としてはならない」ことが法律で定められた[12]。つまり、理容師／美容師免許取得者にのみ、理容／美容業の独占が許されたのである。「髪を切り、髭を剃るだけの仕事」に業務独占権があたえられた理由は、理美容業が「公衆衛生」という社会的役割を託されたという一点に求められる(全理連1998、14)。戦前も、理容業は伝染病予防等の公衆衛生的観点から、衛生警察の取り締まり対象であった。戦前の取締行政から、戦後は民主化によって厚生省管轄の指導行政へと位置づけこそ変わったが、政府にとっての理美容業とは、あくまでも「衛生」が目的である[13]。

理美容師は、手または鋏などの道具を媒介して皮膚や毛髪、血液に直接触れるため、理美容所の環境および道具の消毒や換気など衛生保守については、法律条文にも規定されている。これを踏まえて、1953年に制度化された理美容学校の必修課目には、「衛生法規」「消毒法」「伝染病学」「公衆衛生学」が並び、衛生関連課目は総授業時間数の4分の1を占める[14](教育センター2004、316)。

さらに理容労働・技術の標準化にあたっては、たとえば「刈った毛が周囲に飛び散らないように刈る」、「刈り毛、頭皮の油分、ふけが客の衣服につかないようにクロースを外す」など衛生のための注意点や方法手順が定められた。つまり、労働所作にも衛生の観点が標準的に組み込まれたのである。

次に、「理容師と美容師の業権区分」である。理容は「頭髪の刈込、顔そり等」、美容は「結髪、パーマネントウエーブ(以下、パーマ)、化粧等[15]」が業権として定められた。この区分は、当時代における「男女のヘアスタイルの違い」と「調髪は男女別の場所でおこなうもの」という二つの固定観念から、理容業は男性、美容業は女性が対象客として念頭におかれていた[16]。

本法律にしたがって、理容技術は「頭髪の刈込」および「顔そり」という明確な標的に向けて技術の標準化が実行された。しかし、1970年代から男性のパーマ利用者が増加し、パーマが業権にない理容業から美容業へ客が流れはじめた。パーマは、その施術によってヘアスタイル造形の自由度が高くなるため、さまざまなヘアスタイル表現が可能である。また、パーマは一定程度の長髪が施術の前提となる。しかし、理容業界がおこなった「頭髪の刈込」技術の標準化は、後節で述べるように、総じて短髪スタイルであり、長髪スタイルの需要と適合するものではない。

客離れの窮地に立たされて、水面下でパーマ施術を行う理容所も現れたが、美容業界は1977年に「全国一斉一大摘発運動」を展開して理容業者による業権侵害を抗議した(全美連2008、51)。「パーマ10年戦争」とも呼ばれた理容業でのパーマをめぐる扱いは、同年12月に「理容店のパーマ施術は男性客の仕上げパーマに限る」という極めてあいまいな決着に至った。

法律で定められた業権の区分は、理容業において労働・技術の標準化の明確な指針となり、「刈込技術」の合理化が達成された。しかし、後代における消費者の趣向の変化(パーマ、長髪)は、そもそもの法律が定めた業権区分についても、また業権区分に忠実にしたがったまま標準化された理容技術にも、ジレンマをもたらすことになったのである。

今日までこの法律による業権規定は変わっていない。一方で、パーマを施術する理容所は存在している。しかし、このような現状に応じて法律が書きかえられることはなく、理容師にパーマ施術は認められていないままである。

(2)　国家・組合・学校による資格取得要件をめぐる紛糾

前節で確認したように、理容師法の制定によって、理容師による「刈込」「顔そり」の理容業と、美容師による「結髪」「パーマ」「化粧」の美容業という業務独占体制が成立した。そうすると次なる争点は、だれが業務独占権をもつ理容師や美容師になれるのかという資格取得要件である。当初、理容師法では、「中学卒業以上かつ厚生大臣指定の理容学校で学んだ者」または「中学校卒業以上かつ都道府県が実施する理髪師／美容師試験合格者」と規定された[17]。後者は、義務教育終了後、店で現場経験を積み、理容師／美容師試験に合格した者を指している。ところが、「店で経験を積む」とは、いわゆる徒弟制度による知識・技術習得者を想定した資格要件であることから、労働基準法に抵触することが指摘された[18]。そのため翌1948年には「中学卒業以上かつ厚生大臣指定の理容学校で学んだ者」に限るという、学校制度へ一本化する法改正がなされたのである（実施には5年の猶予期間が設けられ、1953年6月からとされたが、混乱のためにさらに半年延長された）。

法改正によって、戦前の「徒弟制度」から、戦後の「学校教育制度」へと、理美容師の養成体制は変わった。学校教育によって、実技以外の課目（たとえば、物理化学、公衆衛生学、皮膚科学など）を体系的に学ぶことができるようになった。しかし、実技が不可欠である理美容師の養成方法という点においては、あくまで形式的な転換点にすぎなかった。徒弟制度から学校教育制度へ変化しても、理美容師を育成する方法は実質的に不変であった。

なぜなら、徒弟制度での見習いが、戦後の学校教育制度にも「実地習練（1年以上）」という名称で組み込まれたからである。さらに現在でも、特に美容所でカットの練習を含めた深夜におよぶ長時間労働が広範にみられることから、理美容師の養成には「現場での見習い」が不可欠であることがわかる[19]。一方の理容所で、目に余る長時間労働がわずかしか見られなかったのは[20]、1957年から40年間にわたって理容所の料金・営業時間・休日などに規準をもうけた「適正化規程[21]」（独占禁止法適用除外カルテル）が組合主導で全国的に実施されたからである。このような営業規制があっても、理容師の技術習得が可能であったのは、本稿5章で論じる「理容技術の標準化」による合理的な技術習得と、その「全国統一的な普及」があったからであると考えられる。

以上のように制度化の前後で理美容師の養成方法に変化がないのであれば、「理美容師養成体制の変化」とは、いったい何を意味したのか。歴史を振り返ると、それは事実上、新たな経済的利害対立を生みだすものであった。

そのように考えられる理由は、徒弟制度から学校制度一元化への移行期間

5年のあいだ、理美容業界の各立場が「資格取得要件」をめぐって紛糾したからである。理容師／美容師の資格取得プロセス（往々にして養成学校がその中心にある）は、民間が主体である。「資格取得プロセス」は「理容師／美容師志望者」を対象としたビジネスであり、零細独立自営業が大部分をしめる理美容業界においては、最も確実に「まとまった金銭利益」が得られる中核部分にあたる。そのため「資格取得プロセス」は、各立場がさまざまな理由をつけては議題に上り、今日までつねに討議の対象となってきた。

実際に1950年代当時、「養成体制の学校制度一本化」をめぐっては、理容店主からなる組合側が「理美容師の粗製乱造につながる」として反対運動を繰り広げ、陳情活動をおこなった（教育センター 2004、54）。組合の本意は、学校制度によって、理美容師が1-2年の教育期限を経て大量に輩出され、帰結として店舗間の営業競争が激化することを懸念している点にある。一方、理美容学校団体側は、学校制度一本化が実現されなければ「既設学校の経営を破局に追い込み、さらに徒弟制度を温存させる結果になる」と主張した（同書、54）。実施が近づく1953年には、厚生省に「国会の開催ごとに理・美容業団体や学連〔理美容学校団体〕から、思い思いの法改正請願が続いた」（同書、52、〔　〕内は筆者注）。

このように、理美容師の養成において徒弟制度を廃止し、学校制度へ一元化することは、業界各立場の経済的な利害に直結するものであったのだ。

(3)　通信教育の実施による養成学校体制の成立

しかし、学校制度の完全実施には難点があった。当時、理美容学校がない県が存在したからである。理容師／美容師資格を「養成学校卒業者」に限れば、学校に通えなくて困る人が多数でるだろう。事態の収拾には衆議院厚生委員会があたっていたが、そこで「通信教育」の導入という解決策が提案され、結果的に業界側もこれを受け入れた。

なぜ「通信教育」が技能の世界である理美容師の養成で受け入れられたのかといえば、やはり「実技が店での実践的な見習いを通してしか磨かれない」という暗黙の了解があったからではないだろうか。つまり、学校教育は、理容業に必要な労働・技術を身につけるための導入部分に過ぎず、実技を習得するための実質的な機能を果たすには及ばないからである。そもそも、経験的に獲得される技能が1-2年の学校教育体制に集約されうるとは考えにくいし、またそれによって一人の人間の技能として身につけられることは考えにくい。

それでは、「通信教育」を含めた養成学校体制成立の意義は何であったか。第一に、学生が理容労働・技術に対する鳥瞰的な視野と、実行するための体系的手順が得られたことである。それらは徒弟制度による経験的習得では得られなかった。第二に、公衆衛生・物理化学・人体に関する知識（皮膚科学・生理解剖学）など、「実技にかかわらない知識」の効率的な習得体制ができたこと。そして何より重要なのは、「通信教育」導入を契機として学校教育に不可欠な「教科書」がすべての課目（当然、実技も含む）において作成されたことである。

理美容学校団体・理容組合・美容組合が公益法人「理容美容通信教育サービスセンター」を1954年に設立し、教科書・教材を作成した。現在も、当機関が教科書作成・配本・面接指導の中心的役割を担っている。すべての教科書は、通信・昼間・夜間課程で共通しており、理美容学校を通じて学生へ配布される。つまり、「通信教育」の導入が契機となって、理美容業界による学校教育の合理的な仕組みが構築されたのであった。

(4)　理容技術標準化の担い手とそのねらい

理容技術の標準化がなされても、全国の理容師に伝達する制度的な回路がなければ、標準化は達成されない。その意味で、学校制度の一本化、それにともなう教科書の一元的配布体制は、「標準化された理容技術」の「全国的普及」に不可欠であった。理容技術の標準化の支柱となった教科書『理容理論』は、“理容師を目指す人たちの必読書”といわれてバイブル化し、理容師らはその習得に励んだ。50年を経た現在も、当時とほぼ変わらぬ内容である。詳しい内容は次章で見ることにして、本節では、理容技術の標準化を担った集団について言及する。

『理容理論』は中央高等理容学校の講師らによって執筆された。理容組合の全国組織である全国理容連盟が1946年に結成されたことはすでに述べたが、中央高等理容学校は、全国理容連盟が1950年に設立した学校である。組合史によれば「理容師法制定を機に一気に高まった業界向上の意欲は、まず、組織の強化と教育の高揚に注がれ」（全理連1998、49-50）、「理容師資質の向上のために学校教育が必要」（同書、50）と考えられたことによって、組合が学校を設立したとしている。

「組織の強化」と「学校教育」は、本来、経験的な技能の蓄積による「理容師の資質」とは直接関係しない。この二つの言葉の意図するところは、理容組合の「全体的かつ合理的に理容師を育成しようとするねらい」に他ならない。これらは組合が設置した当理容学校が、実際に「理容技術の標準化」という合理的手段を打ちだし、「全国へ普及」させた事実と合致する。それは同時に、美容業界のように各学校が独自の流儀をそなえて競争関係になることを防ぐ目的もあったのではないだろうか。つまり、「誰もが納得できる」、「理容技術の真髄を一見究めたかのような理論」を、「組合主体」で打ちだすことによって、全国の理容学校の講師・学生も、店舗の理容師も「一律に」最高の理容技術を享受できることが目指されたのである。

教科書編纂にかかわった全理連名誉講師の米倉宏は、「〔標準化以前の教科書を数冊比べると〕技術方法が異なり、当然その説明も違うのは理解できるが、理論的に説明がつかないことが沢山あって、率直なところ全部あやしげであった」と述懐している（教育センター 2004、224、〔　〕内は筆者注）。ここから、標準化の作業は、容易なものでなかったことがうかがえるが、中央高等理容学校の初代校長の斎藤隆一（1884-1972）(22)が中心となり、これまでの経験に立脚した理容技術を、理論的に体系化したのであった。

「理容労働・技術の標準化」とは、組合の主導により、全国の理容師および理容学校の学生に広く遍く、理論的かつ効率的な理容技術を教授することを目的としたものだったのである。

5. 理容労働／技術の統制――教科書『理容理論』より

理容師／美容師は、常連客・初めての客の別にかかわらず、各人に対して即座にヘアスタイルをデザインし、施術しなければならない。また、それが利益につながらなければ、独立自営の理容師／美容師の生計は、立ち行かなくなる。短時間のうちに選択を迫られ、施術を遂行しなければならない理容師に、「理容労働・技術の標準化」は一定の行動指針をあたえた。

戦前は、主として徒弟制度によって理容師が養成されていた。師匠について「見よう見まね」で経験的に技能を習得したのである。これでは、理容労働・技術の全体像を一度に把握することはできないうえに、労働・技術に客観的な尺度はなく、個人の「勘」に頼らざるをえない。理容師は作業手順の無駄、技術の不安定さ曖昧さのなかに常におかれ、熟練によって理容技能を磨くことによってしか、技術を得られなかったのである。また、師匠は積極的に仕事を「おしえる」ことをしなかった。「覚えたい者はその仕事を見て、自分で研究しろというのである」(大場1990、113)。非合理的であり、効率性に欠けた労働であった。

一方、戦後の理容労働・技術は、標準化された労働・技術を「学校教育」で学ぶ、という合理化された技能習得(熟練の解体)であった。それまでの技術の不安定さや手順の迷いは理論的、数値的に解消され、効率のよい理容労働・技術が提示された教科書『理容理論』によって、理容学校生は要点を得て技術を習得することができるようになった。

『理容理論』の範囲は、身体機能、理容道具の機能・手入れ方法、カッティング技法、シャンプー技法、トリートメント方法、染毛技術、シェービング、美顔術などに及ぶ。本稿では調髪技術・労働のさらに中核にあたる、(1)ヘアスタイルの決定方法(労働)、(2)カットの方法(技術)、(3)身体の位置と姿勢(労働)、に焦点を絞って、これらの具体的内容を明らかにする。そのことによって全国理容連盟が設立した中央高等理容学校による「標準化」の意図を問いたい。

注目すべき点は、(1)～(3)はそれぞれ作業の固有性がありながらも、それらが理論でもって相互に接合していることである。各接合点にあるのは、「ヘアスタイル造形によって顔・頭の形の左右・上下の非対称性を補う」という指針である。つまり、人間の顔･頭の形は左右･上下が非対称であるという前提に立って、作業目標が定められている。

標準化は、この指針に基づいて、個々の労働と技術が切り離されることなく合理的に連関し、理容労働・技術の総体が統合された。戦前は、すべての労働過程が経験によって把握されたが、理容教科書による「標準化」では、労働の過程で生じる技術の不安定さや手順の迷いを理論的に解消し、最短の時間と手順でヘアスタイルを完成する道順が示されたのである。

(1)　ヘアスタイルの決定方法――理容労働の統制

客に施術するヘアスタイルは、あらかじめ四つの基本モデルが用意されており、そのなかから一つを選択することから始まる。客を前にした理容師は、無数のヘアスタイルから一つを考案するのではない。また、すべての客がどのヘアスタイルでも実現できるわけではない。『理容理論』において、実現可能なヘアスタイルは、客の資質（「毛質」「毛流」「顔の形」「頭の形」）が決めるとされた。客の資質を踏まえて、理容師は四つの類型（最短髪型、短髪型、中髪型、長髪型）から一つを選び(23)（図-1）、次に細部の形を決定する。まず具体的内容を把握した後で、論点を確認する。

1)　ヘアスタイル4類型からの選択決定

ヘアスタイルの4類型は、髪の長さで分類されている。客の資質のうち「毛質」「毛流」が、「ヘアスタイルとして可能」な髪の長さを決める。「毛質」とは毛髪の硬軟、伸縮、太細などの性質であり、「毛流」とは毛根からの立ち上がり具合や、毛の流れ方の性質である。

最短髪型は、毛髪の条件にほとんど影響されないスタイルである（教育センター 2008、71）。短髪型になると、毛髪の条件に影響され、強い縮毛であれば、このスタイルにならない（同書、71）。また、毛流があるので、髪の毛の映えている角度を考慮する必要がある（同書、71）。中髪型は、長い髪と短い髪のバランスで、ヘアスタイルが成り立っているので、毛髪の硬軟、弾力、重みがカットの際の重要な条件となる（同書、71）。また、中髪型は「日本人の毛質や毛流などの条件（黒い、太い、真っ直ぐ）にも合ったスタイル」とされている（同書、81）。長髪型は、毛髪が長いので、カットにおいて毛髪の条件は受けにくい（同書、71）。

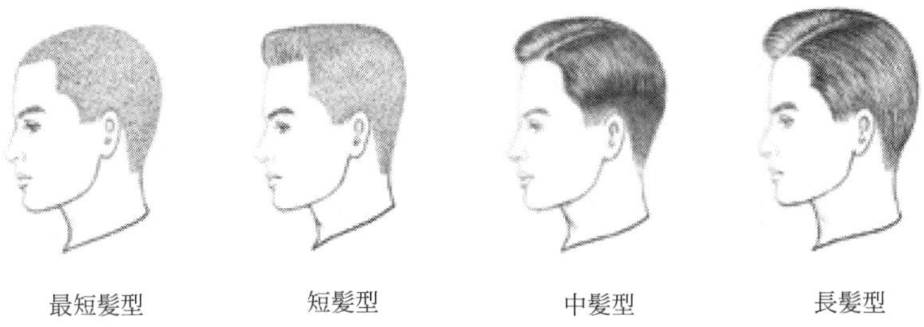

図-1　ヘアスタイルの標準化の4類型

出所：日本理容美容教育センター『理容技術理論1』2008年、81頁より作成

2)　細部の形の決定

客の「毛質」「毛流」からヘアスタイルが決まると、次は、髪型の「細部の形」を決めなくてはならない。細部とは、中髪型や長髪型における分髪の位置や、頭頂部や後頭部のヘアスタイルの輪郭線である。これらの決定には客の「顔の形」と「頭の形」がてがかりとなる。「細部の形」は、客の「顔」や「頭」を美しく見せるために肝要である。というのは、多くの理容師は、「人は左右均衡のものを“美しい”と認識するが、人間の顔や頭の形は総じて上下左右が均衡でない」との観点に立っているからである[24]。したがって、理容師らの目標は、上下・左右が不均衡の顔や頭の形を、「顔の額縁」とも呼ばれる髪の毛でもってバランスよく見せることにある。ヘアスタイルで顔や頭の形の美しい部分を強調し、また欠点を補うのである。

まず「顔の形」を「耳下から顎のライン」によって角型・丸型・細型のいずれかに分類する。そして「耳上から頭頂部のライン」つまり髪の輪郭線は、「耳下から顎のライン」と相似形になるようにする。髪型を顔の形と相似形にすることで、理容師らが美しいとする、上下・左右が均衡した「顔(髪型を含める)」ができあがる。

角型の髪型をつくるには、6対4の割合で髪を分けると左右に“張り”が出て四角い髪型になる。細型の髪型は、8対2の割合で髪を分けると上方向に“張り”が出て細長い髪型になる。丸型の髪型は、角型と細型の中間をとって、7対3の割合で髪を分ける(図-2)。

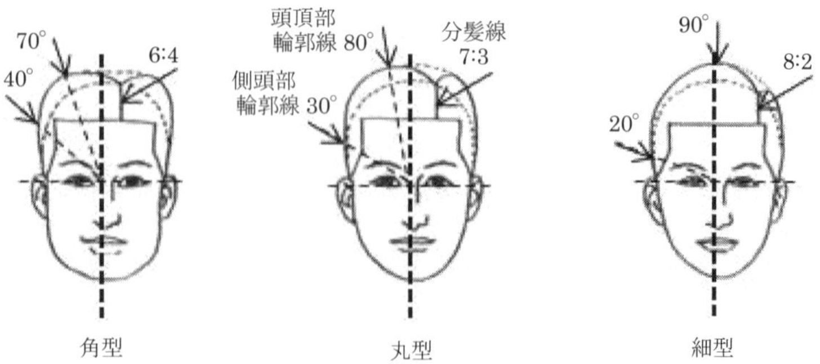

図-2　髪型と顔とのバランス均衡(正面)

出所：日本理容美容教育センター『理容理論第2アサインメント』1968年、133頁より作成

いずれも頭の左側で分髪されている理由は、一般的に、頭は左側が高く、右側が低いからだ。この特徴を左右均衡にするため、左側で分髪して、右側に毛髪の“張り”を出し、高さを補うのである。

「頭の形」も「顔の形」と同様に形づくる。「頭の形」は側面のバランスを重視する。後頭部の形に着目して、平面型／普通型／凸型のいずれかに分類する。そして各特徴から、上下左右のバランスを取るように形づくるのである。

平面型は、平面部分を髪型でカバーすることが必要なので、髪型の頂点を前頭部におき、頭頂部から後頭部への輪郭を整えて、平面部を目立たないようにする。正面から見たときの奥行きを深く見せるために、分髪線を長くする(教育センター 2008、64)。

凸型は、側面から見たときの髪型の頂点を頭頂部におく。前頭部から頭頂部の輪郭を整えて、後頭部の凸部分を目立たなくする。凸部分による奥行きを浅く見せるために分髪線は短くする。

普通型は、平面型と凸型の中間をとって髪型を形成する。頭の形として欠点がないので、比較的自由にシルエットをつくることができる(同書、135)。

以上から、「ヘアスタイル選択の規準」および「ヘアスタイル造形の方針」について考察する。

ヘアスタイル選択の規準について、標準化された理容労働では、ヘアスタイ

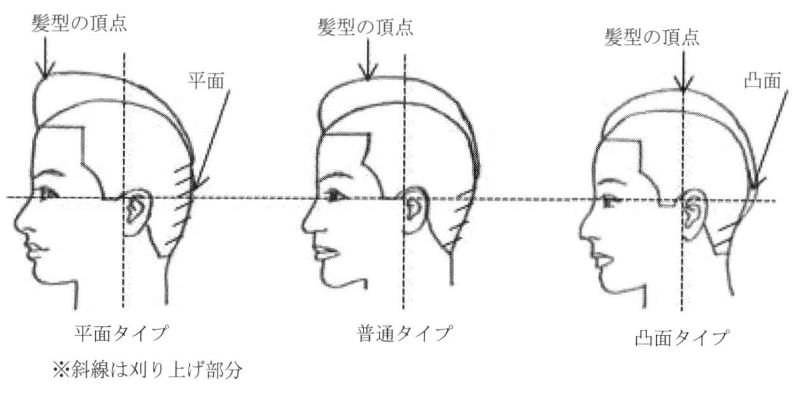

図-3　髪型と頭とのバランス均衡(側面)

出所：日本理容美容教育センター『理容理論第2アサインメント』1968年、135頁より作成

ルは髪の長さを4段階に分類したモデルが用意されている。そして4つの類型から一つのヘアスタイルを選択するのは、客や理容師の主観ではない。あくまでも「毛質」「毛流」という客個人の資質から、ヘアスタイル実現の可否が決定される。そのため、必然的に選択肢は狭まり、主観的に迷う要素は減らされる。理容営業においては、一つの効率化である。

次に、ヘアスタイルの造形の方針である。ヘアスタイルの決定プロセスでは、目的とするヘアスタイルの類型が「毛質」「毛流」という客の資質から選択された後、さらに正面と側面から顔や頭の形における「左右・上下の不均衡」を補正するヘアスタイル」を形づくる。このプロセスは、「顔や頭は、左右・上下の均衡が取れた形が、見栄えが良い」という理容師らの暗黙の了解の上に成り立っている。実際に、人間の顔や頭の形は大概、左右上下が非対称である。そのため、「ヘアスタイルの造形で顔や頭の形の不均衡を是正し、ヘアスタイルと顔との調和をはかり、客をより美しく見せる」ことが標準化された理容労働・技術における理容師の目的となった[(25)]。

(2)　カットの方法――理容技術の統制

最短髪型・短髪型・中髪型・長髪型の各ヘアスタイルの技術にはマニュアル

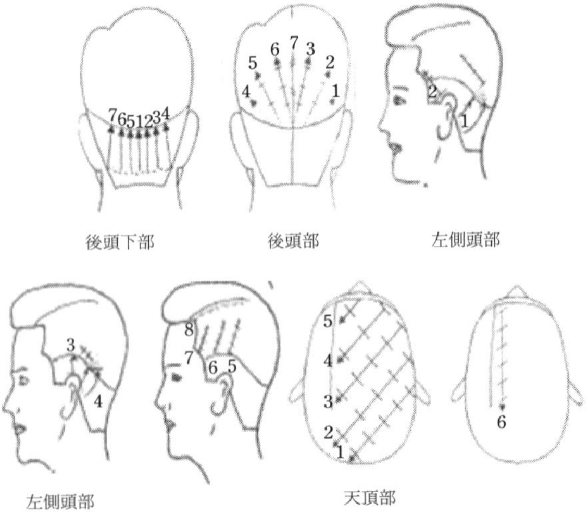

図-4　カットの手順

出所：日本理容美容教育センター『理容技術理論1』2008年、93-8頁より作成

資料-1　中髪型の施術手順

[1]　後頭下部
(1) クリッパーをいれる：ミディアムヘアのクリッパーライン(耳垂を結ぶ線)に沿って、クリッパーを入れる。クリッパーは2-3㎜を使用する。
(2) 連続刈をする：後頭下部1～7の番号順に6鋏ずつ連続刈を行う。
(3) クリッパーラインをぼかす：中央から右へ固定刈でクリッパーラインを取り、右から中央へ接合部の2分の1までをぼかす。左側も同様に行う。
[2]　後頭部
第1運行は右45度に連続刈を行う。
第2運行は右60度に連続刈及びすくい刈2櫛を行う。
第3運行は右75度に連続刈及びすくい刈3櫛を行う。連続刈はすべて3鋏とする。
第4～6運行は、第1～3運行を左右逆にして、左側に同様にする。
第7運行は、背面正中線上45度に1櫛2鋏すくい刈2櫛を行う。
[3]　左側頭部
第1運行は、乳様突起上部を基点として固定刈、扇型連続刈、扇型すくい刈3櫛、45度運行すくい刈4櫛を行う。
第2運行の、耳前部は、剪髪角度45度で固定刈、連続刈1運行、すくい刈2櫛を行う。
第3運行の、耳上部は、剪髪角度後方傾斜10度で固定刈、接合部まで連続刈1運行を行う。第4運行は、耳後上部を基点として固定刈、扇型連続刈、扇型すくい刈3櫛、45度運行すくい刈2櫛を行う。
第5運行は、耳上部から運行角度60度、剪髪角度45度のすくい刈2櫛を行う。
第6運行は、耳前部から運行角度60度、剪髪角度45度のすくい刈4櫛を行う。
第7運行は、側頭突起から運行角度60度、剪髪角度45度のすくい刈3櫛を行う。
第8運行では、分髪線左側は、分髪線に対し剪髪角度45度で、前から後ろへすくい刈6櫛を行う。
[4]　左髪際部
側頭髪際部の毛髪をそろえる。次にもみあげを切りそろえる。ネックラインに固定刈を行う。髪際部を逆櫛する。ネックラインをつけて、髪際部周辺を固定刈と連続刈で整える。
[5]　右側頭部
左側頭部の第1～7運行と同様に右側頭部に行う。右髪際部も、左髪際部と同様にする。
[6]　天頂部
第1運行では、側面中心線と上段上部が交わる点から、運行角度45度で指間刈5櫛を行う。
第2運行では、第1運行の出発点と右前額髪際隅部との中間の上段上部から、運行角度45度で指間刈5櫛を行う。
第3運行では、右前額髪際隅部から、運行角度45度で指間刈5櫛を行う。
第4運行では、右前額髪際隅部と正面正中線の中間から、運行角度45で指間刈3櫛を行う。第5運行では、正面正中線髪際部から、運行角度45度で指間刈1櫛行う。
第6運行は、分髪線の右側、分髪線に対して45度の角度で前から後ろへ指間刈6櫛を行う。
[7]　仕上げ刈
後頭部、右側頭部、左側頭部の順で表面の凹凸や毛先のふぞろいを整える。

出所：日本理容美容教育センター『理容技術理論1』2008年、93-8頁より作成

がある。頭部の区分と作業順序、部位の中でさらにどこから刈り始めるか、何を基点として刈るか、道具と部品及びその規格、刈る技法、鋏を入れる角度、鋏の進行方向・作動回数、櫛の使い方まで、事細かに指示している。本節では、中髪型を事例として、まず標準化されたカットの技法を確認し、カット方法か

ら見出される「標準化」を考察する。

作業手順を確認しよう。カットの順序は、後頭部→左側頭部→右側頭部→天頂部→仕上げである。後頭部を刈り上げることから調髪は始まるが、そのねらいは、後頭部の背面正中線を中心として定め、左右を均衡させることである。また、後頭部は、頭部周囲において最も丸みを帯びている部分なので、その部位から刈り始めることで、髪型のバランスをとることができる。次に側頭部を刈るが、頭の左右のうち高い方からはじめる。理由は、高い方に合わせて左右の均衡をはかるためである。そして、後頭部及び側頭部という頭部周囲のすでに刈られた毛髪に合わせて、天頂部をそろえる。最後に、仕上げ刈で、全体の形を整える。

以上から指摘できるのは、第一に、作業手順に通ずる「左右・上下が均衡したヘアスタイルをつくる」という方針が、(1)ヘアスタイルの決定方法の方針と同じであること。目的のヘアスタイルはすでに左右・上下が均衡するように設計されたものであるので、実際の作業順序はそれを実現するための「施術段階における手続き」と位置づけられる。さらに、頭の各部位において「何の道具をどの部位にどの方向から何回作動させる」等の細かく定められた手順は、「左右・上下のバランスが取れたヘアスタイル」の実現を根底で支えている。

第二に、本節で確認した、一つ一つの動きが指示された方法手順(作業順序、基点、道具及びその規格、技法、鋏の進行方向／作動回数、櫛の使い方にまで及ぶ)は、理容技術標準化の要であるといえる。なぜなら、理容師は、『理容理論』にしたがって標準化された技術を熟練することによって、目的のヘアスタイルを短時間で正確につくり出すことができるようになるからだ。それは理容師が技術を身につけるという範疇にとどまらず、営業効率に寄与しうる可能性を秘めたものであった。『理容理論』が理容師の間でバイブル化されたのも、それが、前史には存在しない、効率のよい技術手順が理論的に提示されたマニュアルだからである[(26)]。

(3)　身体の位置と姿勢——理容労働の統制

これまで、(1)ヘアスタイルの決定方法と(2)カットの方法において、各過程に通ずる方針が「ヘアスタイル造形によって顔や頭の形の左右・上下の非対称性を補う」というものであることを確認した。そして、その方針通り施術した場合に生産される顔や頭の形は、円、楕円、正方形、長方形などの左右・上下方向に対称性をそなえたスタイルである。

本節では、さらにその指針にしたがって、理容師の位置と姿勢も統制されたことに触れる。

(2)で確認したように、理容技術は、たとえば「耳上部から運行角度60度、剪髪角度45度のすくい刈2櫛を行う」というふうに、目的とするヘアスタイルを正確に実現するための部位や角度の基準値が規定されている。そこで、理容師が基本となる観測点を維持すること、つまりは理容師の身体が作業点(カッティング部位)に「正対」することが不可欠となる。理容技術は上肢で行うが、作業点は頭の全周囲におよぶ。標準化された理容技術の手順を正確に迅速に遂行するには、理容師が作業点に「正対」したまま、円周上において下肢がスムーズに運動することが必要である(図-5)。

また各位置における作業姿勢は、「技術者の疲労や能率と深い関係がある」(教育センター、1967、28)。立位で安定した作業を行うためには、身体の重心が両足によって囲まれた範囲内になければならない。いいかえれば、「その範囲外に出ると、姿勢は不安定になり、安定した技術、継続した技術、ひいては正しい技術をおこなうことができなくなる」のである(同書、29)。

理容師の身体の位置と姿勢への指示は、「ヘアスタイルの左右・上下のバランス」を実現するための「身体段階における手続き」と位置づけられよう。

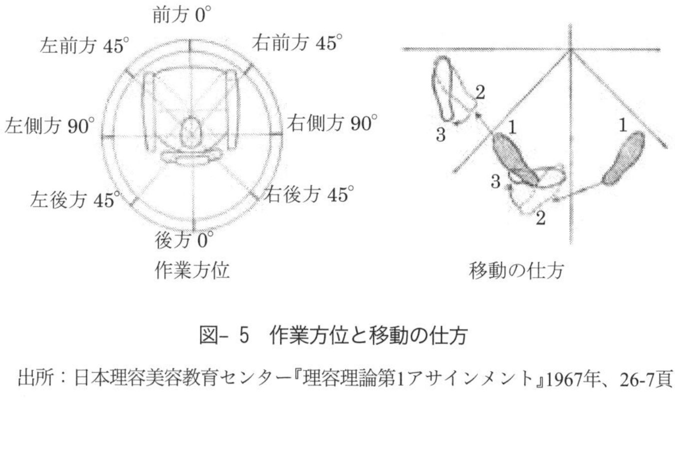

図- 5　作業方位と移動の仕方

出所：日本理容美容教育センター『理容理論第1アサインメント』1967年、26-7頁より作成

標準化は以上の指針に基づいて､個々の労働と技術が切り離されることなく、合理的に連関し、理容労働・技術の総体が目的とする｢円・楕円・正方形・長方形などの左右・上下方向に対称性をそなえた形｣という幾何学的な空間に統合されている。理容労働の技術過程上で生じる、技術の不安定さや手順の迷いは、以上のように理論的に、数値的に解消され、最短の時間と手順でヘアスタイルを完成する順序が提示されたのであった。

6. 考　察

(1)　理容労働・技術の制度化が実現された理由

理容労働・技術の制度化が実現された要因は、つぎの二点に求められる。第一に、第4章で検討したように、理容師法を嚆矢とした戦後の日本社会における理容業・美容業の地位の確立と、それにともなう養成体制の学校教育への一元化である。第二に、第5章で検証したように、理容組合が設立した中央理容高等学校の講師らが主体となって、労働・技術の合理的な標準化をおこなったことである。学校教育制度への一元化から生まれた教科書『理容理論』に、標準化された理容技術の内容を盛り込んだことが、制度化の実現をさらに促したのである。

しかし、かりに理容組合による労働・技術の標準化の内容が不得要領であれば、理容学校で『理容理論』が1950年代初頭から今日にいたるまで学ばれてきたように、一定の支持を得ることは困難だったのではないか。つまり、理容業の学校制度化と教科書『理容理論』の誕生は、理容労働・技術の標準化における用意が整った段階にすぎない。肝心なのは『理容理論』の内容である。

その点において、第5章で確認したように、理容組合が統制した労働・技術である『理容理論』の内容は、きわめて明瞭であった。本稿では、標準化内容を(1)ヘアスタイルの決定方法、(2)カット方法、(3)身体の位置と姿勢から把握したが、これらすべてに通底する理念のもとに、労働と技術が統合されていることが明らかとなった。その理念とは､｢ヘアスタイル造形によって顔・頭の形の左右・上下の非対称性を補う｣という行動指針である。この指針にもとづいて、労働過程で生じる技術の不安定さや手順の曖昧さは､理論的に構築しなおされ､合理性をともなった最短の手順でヘアスタイルを造形する方法がマニュアルとして提示されたのである。

　また、その行動指針を支えているのは、「人間の顔・頭の形は左右・上下が対称性をそなえている形が美しい」とした教科書執筆者らの暗黙の前提である。この前提は『理容理論』で受け継がれており、今日の理容師らも「顔・頭は左右・上下が対称に見えるように、ヘアスタイルをつくらなければならない」ことを自明視している。

　さらには、「左右・上下の対称性」は、理容労働・技術の標準化が実現するキーポイントとなる。左右・上下が対称である形とは、規則性をもった図形、つまり幾何学的であることを示している。それは、理容労働・技術の実施段階において、長さや角度といった数値による指示となり、統制として作用した。

　以上のように、「ヘアスタイル造形による顔と頭の左右・上下対称性のある形」をめざした理容労働・技術は、幾何学空間に数値的な確実性をもって統合されている。「数値」は場所や時代を選ばない普遍性をそなえており、このような「数値」でもって、理容労働・技術は合理的に設計されるという手続きの上に成立した。『理容理論』はこれらの条件を満たしたからこそ、「理容労働・技術の標準化」に耐えうる説得性を有したのである。

　戦後の労働・技術の標準化は、理容師にとっての「熟練」の性質を、師匠について「見よう見まね」で技術を習得していた戦前とは異なるものにした。標準化された理容労働・技術は、戦前における理容師らの技術の経験的蓄積を土台として、合理的に理論化されたものである。これによって、戦後の理容師の「熟練」の幅は、戦前よりも一層狭められたといえる。標準化された技術を習得することは、重要な訓練となった。しかし、客という生身の人間への施術では、必ずしも標準化された理容労働・技術の理論どおりにはならない。「イメージするヘアスタイル」と「現実」のギャップをうめるべく、理想に近づけるための工夫の必要性が、なおも現代の理容師らに「熟練」の余地として残されている。

(2)　理容労働・技術の制度化がもたらした諸問題

　一方、第4章で触れたように、「理美容師養成の学校制度化」と「理容労働・技術の標準化」によって実現された理容労働・技術の統制は、理容師らの合理的な技術習得に寄与したが、他方でさまざまな問題をうみだした。

　学校制度化も、理容労働技術の標準化（およびそれによって創出されるヘアスタイル）も、そもそもは「理容師／美容師資格取得者しか理容／美容業を営めない」という要件と、「理容と美容の業権区分」を規定した理容師法に起因している。

そこで本節では、理容師法による「理容師養成の学校制度化」および「理美容業の業権区分」の社会的帰結を改めて考察する。ここで留意すべきは、政府はこれらを1947年に理容師法として法制化したが、あくまで政府にとっての理美容業とは「衛生業」であり、公衆衛生を目的とした制定であったという事実である。

第一に、理容師養成方法は「いかなる条件を満たした人物が理容業を営むことができる理容師資格を得られるか」という資格取得プロセスであり、その設定には利害対立が生じる。1948年の労働基準法の制定によって徒弟制度が同法に抵触することが指摘され、徒弟制度という理容師養成の選択肢はこの時点で消えていた。そこで、徒弟制度にかわる有力な手段となったのが学校制度であった。しかし、学校制度によって短期間で多数の卒業者がでれば、業界はさらに営業競争にさらされる。零細の独立自営業者からなる理容業者にとって、競争相手が増えることは営業存続にかかわる危機であった。

一方で、理容師志望者がかならず学校を通過するのであれば、学校には利益が約束される。理容師志望者がかならずしも理容師になるとは限らないが、学校に入学しなければその可否すら判断できない。この仕組みにおいて、学校制度化による受益層は学校で、受苦層は理容店らであることは明白だった。

結局のところ妥協策として導入されたのは「通信教育制度」の創設である。通信教育に必要な教科書・教材の作成と配布をおこなう機関として、学校団体・理容組合・美容組合(27)の三者が公益法人を設立した。きっかけこそ通信教育であったが、これらの教科書・教材は通信教育に限らず、全国の理美容学校で使う教科書として配布されることになった。つまり、学校制度化によって生じる、理美容学校入学者への教科書・教材の販売から得られる利益は、学校団体のみならず、理容店主の集団である組合にも分配される仕組みが作られたのである。しかしながら、ここで組合が得た利益が、組合員である零細自営事業者の理容店らにどのような形でいかに還元されたかは明らかにされていない。学校制度化によって理容師が増加し、現実の競争にさらされるのは理容店である。

第二に、法制化された業権の区分である。調髪に限定すれば、理容は「刈込」、美容は「結髪とパーマ」が業権として指定された。そして、この業権に忠実にしたがって、理容組合は理論的かつ合理的な理容労働・技術を標準化したのである。それは、「刈込」が示すとおり総じて短髪スタイルであった。そして第5章で示したように、短いヘアスタイルの4類型一つ一つに対して、詳細な手順がマニュアルとして全国の理容師へ提示された。それは「ヘアスタイル造形によって顔と頭の形の左右・上下の非対称性を補う」という方針にもとづいて、ヘアスタイルの決定方法も、カット技法も、身体の位置と姿勢も、数値でもって合理的に設計されたものである。

ところが、その「刈込」に対して発揮された合理性は、1970年代に、理容業が主客とする男性消費者の長髪・パーマという趣向の変化を前にして、疑問を抱かれるようになる。「刈込」という短髪スタイルを目的として標準化された理容労働・技術の総体系は、長髪・パーマなどのスタイルに即座に対応することができなかった。また、パーマについては美容の業権であったため、理容師らは表立って導入することすらできなかった。当然、パーマを利用する男性は美容店へ流れていき、理容店の客離れという問題が顕在化した。

「刈込」に向けて標準化された理容労働・技術は、1950年代の理容師らにとっては魅力的な熟練の対象であったが、消費者の趣向の変化が現実となった1970年代には見直されるべき対象と変化したのである。実際に1970年ごろから理容師志望者は減少しはじめ、理容業界は従来の「刈込」を目的として制度化されたデザインと技術が確立された体制を見直す必要に迫られた。

本稿では、戦後の日本社会において理容業が理容師法によって位置づけられたことをきっかけに養成体制が確立する過程と、理容組合による労働・技術の標準化の内容の分析を通じて、理容労働・技術の統制経緯を検証した。

それによって明らかになったのは、理容労働・技術の標準化による理容業務の安定である。教科書『理容理論』において、労働過程で生じる技術の不安定さや手順の迷いを理論的に解消し、最短の時間と手順でヘアスタイルを完成する道順が示された。理容師らはその標準化された労働・技術の習得に励むことによって、戦前にくらべて効率よくヘアスタイルを造形できるようになったのである。これは、機械などの近代的生産システムを有しない理容業界が、同業者組合の主導によってうみだした労働・技術の標準化である。

標準化された理容労働・技術は、戦前にくらべて熟練対象の幅を狭めて作業を効率化したが、理容師の仕事上の困難すべてを解決したわけではない。標準化内容を習得してもまだ乗り越えられない、生身の客への施術でヘアスタイルを実現することの難しさがあるのだ。それこそが現代の理容師にとっての「熟練」であり、2章で指摘したように、理容師のキャリアへとつながるものである。

一方、1970年代から理容業が主客とする男性消費者において様々なヘアスタイル(たとえば長髪やパーマ)を趣向する動きがでてきたため、標準化された理容技術・労働では対応できなくなった。美容店にいく男性も増えて、理容業は斜陽化しはじめたのである。これは労働・技術の統制における意図せざる結果に他ならない。

また、このような消費者動向の変化にともなって、美容業界との競合が迫られるようになったことは、労働・技術の標準化をおこなった理容業界の当初の意図に反する流れであった。それについては本稿の範囲を超えるので、別稿にゆずる。

注

(1)　2009年度に、1-4人の事業所に従事する理容師は全理容師の87%、美容師は同56%である。両者とも零細企業の従業者が半数以上を占めるが、理容師の割合は突出している。「従業員10人以上の規模の理容所」は、理容所全体の0.06%であり、ここに理容師全体の5%が従業している。一方で、同規模の美容所は美容所全体の3%を占めるが、ここに美容師全体の20%が従業している。また、全従業者数における「無給の家族従業者」の割合は理容師13%、美容師3%である(全国生活衛生関係営業指導センター『2009年度版生活衛生関係営業ハンドブック』2010年6月28日取得(http://www.seiei.or.jp/db-toukei/shb2009.html)。以上から、特に理容業は、家族経営を主体とした零細企業体制をとっていることが推察される。

(2)　厚生労働省『平成20年度保健・衛生行政業務報告結果の概況』2010年6月28日取得(http://www.mhlw.go.jp/toukei/saikin/hw/eisei/08/index.html)。

(3)　理容技術は一般的に「技能」と表現されることが多い。理容師は、戦前の徒弟制度では経験にもとづく技能習得(熟練)によって、戦後は統制と標準化にもとづく技能習得(熟練の解体)によって養成された。本稿が対象とする戦後の労働・技術の標準化は、理容技術の理論的構築がなされ、体系化されたものである。その意味において、本稿では積極的に「技術」という概念を用いたい。それは、理論にもとづいて習得の手順が合理化され、効率化が図られた点で、経験的習得による技能とは異なるものである。

(4)　全理連は、1957年に制定された「環境衛生関係営業の運営の適正化に関する法律(以下、環衛法)」にもとづいて設立された団体である。環衛法は、「1952年に制定された「中小企業安定法」の先例にならい、独占禁止法の適用を除外するという立法措置」（厚生労働問題研究会、2007年12月号、6頁）。また、全理連は「理容店オーナーが組織する47都道府県理容生活衛生同業組合（理容組合）を会員とする業界唯一の全国団体」であり、現在の組合加入率は約60%である（全理連『全理連について』2010年9月16日取得（http://www.riyo.or.jp/）。

(5)　全国理容連盟は、戦前の大日本理容連盟から発展的改組し、1946年4月に設立された。1946年4月の時点では、連盟への参加の準備が整わない県もあり、1都2府27県の加盟であった（全理連、1974、72-4）。

(6)　中小零細企業である理容業は、1950年代後半から1990年代半ばまで、利益誘導政治によって「独占禁止法適用除外カルテル」、「環境衛生金融公庫」、「みなし法人課税制度」など税制やさまざまな保護・優遇政策が打ちだされてきた。

(7)　電気クリッパーはハンドクリッパーからの進化である。A氏は「手を動かしながら腕を動かすことから、腕を動かすだけになったので、楽になったことは楽になったが、それほど…どうかなぁ」と感想を述べていた（2010年9月3日）。ハンドクリッパーは1890年代頃から普及したと言われており（教育センター、1970、64）、明治時代における技術革新であった。電気クリッパーは大正末期から次第に普及した（教育センター、1970、117）。

(8)　理容師美容師試験研修センター「理容師・美容師実技試験採点規準」（http://www.sb.rbc.or.jp/2006/11/post_13.html）

(9)　2010年の第3部門であれば、2009年に発表されたニューヘア「TRICK」について、①TRICKのベースカットのレイヤー、グラデーションの組み合わせによって作られる「フォルム」が表現されているか、②長さの変化（長短）がしっかりと分かる、ア・シンメトリーなデザインであるか、③モデルの個性を活かし、バランスのとれた「似合わせ」がされているか、④ブラントカットの良さが表現されつつ、セニングダウンカットによる毛先の軽さやなじみ、トリックラインカットによる大胆な動きが表現されているか、⑤テーマである「リラックス＆ラグジュアリー」をイメージし、ヘアスタイルと衣装のトータルバランスがとれているか、⑥TRICKが提案するパーマ、カラーが効果的に施されているか、という6項目の審査基準がある（全理連「第62回全国理容競技大会 要項」（http://www.riyo.or.jp/））。

(10)　A氏は、競技会というのはそもそも「規定がないと評価はできない」と話していた（2010年9月3日）。

(11)　1925年にメイ牛山による「ハリウッド美容学校」、1925年に芝山兼太郎による「芝山美容学校」、1934年に山野愛子による「山野美容講習所」が設立されている。

(12)　理容師法第六条（1947年）。

(13)　1957年に理容業、美容業、クリーニング等「環境衛生業種」という括りで「環境衛生営業の適正化に関する法律」が成立している。

(14)　1956年に総授業時間数1200時間中、上記の衛生関連4科目で300時間を占めている。

(15)　「等」は、シャンプー、トリートメント、染毛などを指している。

(16)　1957年に成立した美容師法の審議過程においては厚生省公衆衛生局長・山口正義と社会労働委員会理事・柳原亨のあいだで次の問答がされている(1957年5月7日)。それほどに当時は、男性は理容所、女性は美容所という認識が強かったことがうかがわれる。

柳原：そういたしますると、その男子に対する美容所というものもできるわけなんですか。今の御説明でございますと、男子に対する美容所というものができることになるわけですか。

山口：御指摘の点は、理論上はそういうことはでき得ると思うのでございますが、実際上はそういうものは現在ないと思うのでございます。

(国立国会図書館法令検索「美容師法審議過程」(http://hourei.ndl.go.jp)。

(17)　理容師法第二条(1947年)。

(18)　労働基準法第七章技能者の養成第六十九条は、「使用者は、徒弟、見習、養成工その他名称の如何を問わず、技能の習得を目的とする者であることを理由として、労働者を酷使してはならない」としている。

(19)　筆者に対するある美容師の談話によると、「美容学校では、衛生知識の学習と国家試験対策の実技及び筆記試験準備がほとんどを占める。ヘアスタイルを形づくるカットの練習などは、新人見習いとして店に入ってから行うが、日中は掃除やシャンプーなどの業務のため、閉店後に行う」とのことである(2009年11月27日)。

(20)　2004年の調査では営業時間が10-11時間の理容所は75.4%を占める。たとえば、朝8時半に開店すると、19時頃に閉店する(全理連『理容統計年報』2004年)。

(21)　適正化規程は1995年度末までにほとんどの組合で廃止された。この規制緩和以降、「1000円カット」の理容店が出現し、一方でカット料金を4000円以上と高めに設定する店もあらわれるなど料金が自由に設定された。

(22)　中央理美容専門学校「初代校長斎藤隆一先生」(http://www.chic.ac.jp/saitou125.html)。

(23)　各類型は細部の違いによって次の髪型を含有する。短髪型はスクェアー(角刈り)、ブロース(スポーツ刈り)等、中髪型はハーフロング、ハーフバック等、長髪型はロングパーティング、オールバック、リーゼント等。

(24)　A氏の筆者に対する談話(2009年10月29日)。

(25)　注24に同じ。

(26)　A氏によれば「手順は定められているが、それでも毎回違う客が来るという難しさがある」とのことである(2009年10月29日)。毎回違う条件であるということは、標準化された労働・技術がなければ、さらに厳しい状況におかれることが想像される。

(27)　美容業は厳密にいえば当時、全国統一の組合組織はなかった。ここでは全日本美容師連盟を指している。

［参考文献］

藤﨑朋子、2010、「理容調髪技術の社会史――業界と技術の生成に関する一考察」一橋大学大学院社会学研究科、修士論文、2010年3月提出

ハウエル,デビッド・ルーク〔河西英通・河西富美子訳〕、2007、『ニシンの近代史――北海道漁業と日本資本主義』岩田書院

大場栄一、1990、『遙かなり昭和――父子二代の天皇理髪師』創英社

柴田弘捷、1971、「日本の就業者 1. 理容業従事者の社会的性格」『人口問題研究所年報』17号

塩野米松、2001、『失われた手仕事の思想』草思社

十名直喜、2008、『現代産業に生きる技――「型」と創造のダイナミズム』勁草書房

渡辺雅男、1990、『技術と労働過程論――現代資本主義批判の原点』梓出版社

米倉近、1956、『鋏と椅子』早苗会

日本理容美容教育センター（教育センター）、1967、『理容理論第1アサインメント』

――、1968、『理容理論第2アサインメント』

――、1970、『理容現代史』

――、2004、『日本理容美容教育センター 50年史』

――、2008、『理容技術理論1』

全国理容生活衛生同業組合連合会、1974、『全理連25年史』

――、1998、『理容師法施行50 年史』

全日本美容業生活衛生同業組合連合会、2008、『全美連の半世紀　美容業の明日を創る』

（一橋大学大学院社会学研究科）

【研究ノート】

台湾に進出した日系ものづくり企業で働く長期勤続マネジャー

――台湾人長期勤続マネジャーの回顧的「語り」から捉える「第二次社会化」――

岸　保行
KISHI, Yasuyuki

Experienced local Managersat Japanese Manufacturing Companies in Taiwan: Secondary Socialization from the Perspective of Retrospective Dialogues of long-tenured Taiwanese Managers

This paper is based on fieldwork and interviews with 29 Taiwanese long-tenured managers and six Japanese expatriates working at large Japanese manufacturing companies in Taiwan. Findings fromthe fieldwork indicate that there is a crucial element to understand how those Taiwanese managers acquired their present managerial positions. The reason for their success is that those managers actively participated in creating a "field" with Japanese expatriates. In other words, through a process of working for many years and sharing experiences with Japanese expatriates, Taiwanese managers who participated in creating a "field" within Japanese companies consciously or unconsciously assumed a core role within the organization.

1．問題設定

本稿では、日本のものづくり企業が台湾に著しく進出した1980年代の台湾人長期勤続者に焦点を当て、彼らが日常の職場生活における日本人との社会的相互作用を通じて、どのように日系ものづくり企業において第二次社会化を経験してきたのかを探求していく。これまでの組織社会化研究では、質問票調査の結果を基にした大量サンプルからのアプローチが主であったが、本稿では日系ものづくり企業で働く台湾人長期勤続者への聞き取り調査の結果を基に、彼らの回顧的な眼差しから、日系ものづくり企業内部での第二次社会化過程をみていくことにする。とりわけ、これまでの組織社会化研究では、質問票調査の結果から、組織参入者の入職前と入職後の変化に焦点が当てられて論じられてきていたが、本稿では、Berger, P & Luckmann, T(1966=2003)が分類した第二次的社会化のステージに焦点を絞り、とりわけ台湾人スタッフが日系ものづくり企業に入職してから長期の勤続過程を通じて、どのように日本人との社会的相互作用を蓄積し、そしてそのことにどのような主観的意味づけをおこなってきたのかを探究する。

Berger, P & Luckmann, T(1966=2003)は、個人が他者との相互行為を通して、諸々の資質を獲得し、その社会(集団)に適合する行動のパターンを発達させる過程としての「社会化」を、人間のライフサイクルのなかで二つのステージ――「第一次社会化」と「第二次社会化」――に分類した。Berger, P & Luckmann, T(1966=2003)によれば、第一次社会化とは、個人が幼年期に経験する最初の社会化のことであり、それを経験することによって、彼は社会の一員となる。この時期に社会化された事柄は、その後の学習の基本になる。それに対して、第二次社会化は、すでに社会化されている個人を彼が属する社会という客観的世界の新しい諸部門へと導入していく、前述した社会化以降のすべての社会化のことをいい、制度的な、あるいは制度的に基礎づけられた〈下位世界〉が内在化される過程である。

このBerger, P & Luckmann, Tによって第二次社会化と呼ばれた、「制度的な、あるいは制度的に基礎づけられた〈下位世界〉が内在化される過程」を企業組織の内部に限定して研究する領域が「組織社会化(organizational socialization)」研究と呼ばれる領域である[(1)]。これまでの組織社会化研究では、入職した新人がどのように新しい職場環境に適応していくのかに関心が払われ、それらの研究の多くがパネル調査を用いた大量サンプルからのアプローチであった(竹内・竹内 2009、佐々木 2006、Jones 1983 など)。例えば、竹内・竹内(2009)は、新規学卒者がどのように組織に適応していくのかという組織社会化メカニズムを明らかにし、入社前・入社後のさまざまな要因が組織適応にいかなる影響を及ぼすのかを、3回の質問票調査から実証的に明らかにしている。さらに、佐々木(2006)は、新入社員の幻滅経験を中心課題に据えて、それがその後の組織社会化にどのような影響を及ぼしているか、同様に3回の質問票調査を用いて分析をおこなっている。

また、これまでの組織社会化研究では、新規参入者の国籍と入職する企業の国籍は、同一であるという大前提のもとで、個人は自らが入職する企業のもつ環境をどのように内面化するのか、そのプロセスを計量分析によって分析してきた(尾形　2009、伊藤　2004、上野山　1999、金井ほか　1998、Louis 1990、城戸　1981)。そのため、それらの研究では、企業内部には極めて同質性の高い共通した国民文化をもつ人々がいることが想定されていた。

しかし、1985年の「プラザ合意」における急激な円高によって、日本のものづくり企業は、製造拠点を日本からアジアへと移していった。それに伴い、アジアに進出した日系ものづくり企業の内部では、同一空間における異なる文化的背景を持つ人々の協働の機会が増大した。そうした事情にも拘らずこれまでの組織社会化研究では、そのような海外に進出した日系企業における現地従業員が、どのように日本人との協働経験を共有し、第二次社会化を実現させてきたのかに関する研究は、ほとんどなされてこなかった。

2. 調査概要

本稿は、筆者が2003年春と2007年夏 におこなった台湾に進出した日本のものづくり企業で働く台湾人長期勤続マネジャーへのインタビュー調査(2)の結果を基にしている。調査はそれぞれ以下のような手順をとった。

まず、次の四つの条件に合う企業を選定した。

①ものづくり企業であること
②現地法人の規模(資本金・従業員数)が大きいこと
③独資かあるいは限りなく独資に近い形で進出していること
④台湾に進出してから15年以上の歴史を有していること

2003年の調査では、東洋経済『アジア進出企業総覧(国別編)』2002年版から企業を20社選定し、直接候補となった企業に電話またはFAXを送付し「貴社における長期勤続マネジャーの紹介をお願いしたい」と担当者に願い出た。2007年の調査では、調査を依頼するにあたり、日系企業へ調査協力依頼状を発送することからはじめた。企業の選定にあたっては、2003年時同様上記の4点を考慮に入れて選定をおこない、東洋経済『アジア進出企業総覧(国別編)』2007年版に記載されている台湾日系現地法人917社のなかから上記4点に合致する現地法人41社に対して調査依頼状を送付した。また2007年の調査では、同時に補足的な意味において、台湾日系企業で働く日本人駐在員(6名)にも、台湾人長期勤続マネジャーの評価や印象に関する聞き取り調査 を実施した。聞き取り調査のメリットは、調査者が直接観察できない事柄や過去の出来事についても、聞き取りによって情報を収集することができ、外から観察しているだけでは良く分からないさまざまな物事や出来事に関しても現地の人々の感想や主観的意味づけによってそれらを知ることができるという点にある(佐藤2002：86)。

企業の選定に関して上記に挙げた4つの条件を設定したのは、日本的経営の諸特性がもっとも顕著に現れてくるのが、「ものづくり」の分野であるからであり、規模が大きく独資として進出していれば、日本型経営の優位性の移転という文化に由来する問題がより鮮明に表われると考えたからである[4]。さらに、台湾に進出してから長期の歴史を有する現地法人を対象とすることによって、台湾に進出した日系ものづくり企業で長期勤続する現地人スタッフを対象とすることが可能となる。具体的には、現地法人で10年前後の勤続年数を有している現地人スタッフを調査対象とするために(5)、台湾に進出してから15年以上の歴史を有する現地法人を選定し、調査を打診した。

結果、調査に協力をしてくれた企業は2003年時が6社で11名、2007年時は、41社に依頼状を送付し14社から調査の許諾を得て、うち台湾人長期勤続マネジャーを紹介してもらえたのは10社で合計19名、別の3社は日本人駐在員自らが自社の長期勤続マネジャーに関する話をしてくれた。その関係で2007年時の聞き取り調査では補足的に6名の日本人駐在員に聞き取り調査を実施することができた。2003年、2007年のどちらの調査でも調査対象者の選別に関しては、こちらが直接選んだのではなく、台湾日系企業の駐在員または、担当者がこちらが提示した条件に見合う従業員を紹介してくれた。そのため、調査対象者の選別に関しては統計的な手続きをとっていない。しかし、台湾におけるものづくり企業で、操業年数が15年を超え、かつ独資で規模の大きい現地法人は数が限られている(6)。

なお、聞き取りをおこなった台湾人長期勤続マネジャー、日本人駐在員、訪問した企業の一覧に関しては、参考として一覧にしてAPPENDIXとして本論項末に掲げた。

3. ものづくり企業の選定理由

本研究において、ものづくり企業をとり上げた理由は二つある。

その一つ目は、上述したように、海外に進出した日系企業を考えた場合、職場における日本文化を代表するような日本的な働き方や労働観が、金融業やサービス産業といった他の領域よりも伝統的に維持されやすいと考えたためである。そして、その規模が大きくなれば日本型経営の優位性の移転といった文化に由来する問題がより鮮明に現れてくるであろうと考えたためである。岡本が指摘したように、日本的経営の諸特性がもっとも特徴的に形成され、維持されているのが、ものづくりの分野であり、そのような傾向は金融やサービス業といった他の産業分野には見いだせない(岡本1998：vi)。そのため、本研究では日本的な経営の特徴がもっともはっきりと現れる大規模な「ものづくり企業」を研究対象とした。本研究の調査対象となる日系企業は、一般的に製造業と呼ばれる領域に建設業を含めた広義の「ものづくり企業」全般である。

理由の二つ目は、ものづくり企業のもつ精神に依拠する。藤本(2004：127-130)が指摘しているように、戦後日本で成長してきたものづくり企業は、「長期雇用・長期取引」という道を歩み、その結果「ツーカーの関係」「あうんの呼吸」、あるいは「濃密なコミュニケーション」「緊密なコーディネーション」「チームワークのよさ」「幅広い情報共有」といった人間関係における関わりを会社において実現させることに成功し、社員が一致団結する精神を生み出し、強い組織能力を共有するようになった。そうした企業精神をもつ現場システムこそ、ものづくり企業なのである。

以上のような理由から、そうした日本的な経営の精神が集約的に表現されていると思われる日本のものづくり企業を研究対象としたのである。

4.　社会的相互作用と第二次社会化

(1)　共有された職場生活

海外に進出した日系(大手)ものづくり企業の日本人駐在員の滞在年数は、4年から5年であり、その程度の期間で交代となる(古田2004：124)。そのため、台湾人長期勤続マネジャーは、これまでの勤続の過程で複数の日本人総経理や駐在員との社会的相互作用を経験していることになる。

聞き取りをおこなった台湾人中核マネジャーの話では、入社当初の日本人駐在員から多くのこと学び、楽しい思い出を共有してきたことが語られた(7)。

例えば、 ケース27は、昔の日本人駐在員が、会社のために命がけで仕事をしていたというエピソードを語ってくれた。自らも当時の日本人駐在員と2日間、ほとんど寝ずに仕事をした経験があるという。

「私の日本人の見方やイメージがどのように変化してきたかは、あまり分からないですね。でもね、昔の日本人の場合は、会社のために命かけて､死んでも大丈夫という意気込みだったね。会社のために死んでもやる、仕事のために死んでもやると､そのような感じがあった。今の若いやつは、ここまでできないのではないかな。以前､うちの会社の音響関係のKさん。彼も、自分の塗装の設備、自分の知らない塗装をやるから、結局ノウハウがない。だから、自分は工場長だから、自分が一人でなんとかやるしかない。朝までずっとやり、ある日は工場のなかで寝るんですよ。1時間、2時間寝て、また起きてすぐに一生懸命仕事をやる。このような人は今はいないのではないですか。昔、来たうちのYさん、3日間ホテル代払っている。でもベッドの上、全然使っていない。ずっと会社で仕事24時間やっている。ホテルのなかでは風呂を使っているだけ。ホテルに帰って風呂入って、シャワーを使って、終わったら着物をチェンジして、また会社に来て仕事をする。そういう時代ですよ、あの時代は。わたしも一緒の仕事だから、2日間ほとんど寝てない。アメリカの税関の人と弁護士が来て会社を調査して、それが終わるときにこれらの資料ダメだから全部チェンジしなさいと言われました。あの時代はコンピューターがないから全部いちいち手を使って資料を修正する。山のようなものを一緒に全部直しました」

(ケース27：61歳・男性・38年勤続・副総経理)

台湾人長期勤続マネジャーのほとんどは、設立当初から現在の日系企業で働いている。当時の日系企業には、現地の会社を一から立ち上げるために派遣された導入型の非常に強いリーダーシップをもった日本人駐在員が派遣されており、現地の台湾人スタッフを上手に統制し協働していたと推察される。まさに、今回聞き取り調査をおこなった台湾人長期勤続マネジャーが若かった頃、日系企業が台湾に進出したのであり、彼らは導入型の強いリーダーシップをわきまえた日本人駐在員と日常的な職場生活を共有しながら、日系ものづくり企業で社会的な相互作用をおこなっていたことになる。

(2)　日本における研修と価値の内面化

台湾人長期勤続者は、日系ものづくり企業において、長期の勤続経験過程を通じて、日本人との職場における日常的な社会的相互関係を積み重ねていた。しかし、日本人との協働は、なにも台湾日系企業内部に限定されていたわけではない。聞き取りをおこなったインフォーマントの多くは、日本語や日本人の仕事のやり方といったような日本的な職場事情を日本での長期研修から内面化していた。日本における研修制度は、日本人の生活に根ざした考え方や行動様式の理解を促す絶好の機会として機能していたのである。

日本への長期研究を実施している台湾日系ものづくり企業の日本人駐在員の話では、日本における長期研修を終えた現地人スタッフは、物事の考え方が変わって戻ってくるという。日本で長期間研修を積むことによって、日本語能力の上達はもちろんのこと、日本人の仕事のやり方を実際に肌で感じることによって、会社に対する帰属意識が強まり、転職意識が――潜在的/顕在的であるにせよ――弱められることによって、長期にわたりその勤務している会社で働いていこうと思わせるようになるのだという。

「日本での研修の目的は、日本で日本のやり方を勉強してもらうことです。うちは日本との関係が深いので、ここでも日本と連携するときに軸になってもらう人が必要ですから。そのような意味では、日本語もそうですし、日本の文化、考え方、そういったものを勉強してもらうために行ってもらっています。去年1回目に行った人が帰ってきたときに、その研修の報告会をしてもらったのですけれども、その話を聞いていると、今までのここの人とは少し違う考え方を植えつけられて帰ってきたかなという気はしました。日本でも現場実習もあるものですから。そのようなところの改善のしかたなど、先ほど言いましたように表面的なものではなくて、要因をつかんでそれに対処する。それから、比較的台湾の人というのは、会社のことも考えるけれども、どちらかというと私欲のようなものがやはり強くあると思うのですね。自分のことを考えて行動するところが大きいと思うのです。しかし、報告からは、会社あっての従業員という考え方も少し出てきたような感じを受けました。だから、当然個人も大切だけれども、会社でもこのようなことをしないとこれからも成長していかないし、だめになったら結局は自分たちの身に降りかかってくると、そのような内容の話をしていたので、なかなか成長したのではないかなと思いました」　（ケースJ3：38歳・男性・4.5年駐在・協理）

ある日系大手ものづくり企業の総経理も、（聞き取りをおこなった）前年に現地台湾人を日本の本社へ派遣する派遣研修制度を創設したという。日本への長期研修に出した現地人スタッフは、普段台湾ではなかなか「可視化」することができない「日本本社の姿」を目の当たりにし、日本人駐在員の現地法人での仕事をより深く理解することが可能になるのだという。台湾で働いている限り、なかなか見えてこなかった、日本人駐在員と本社とのやりとりを日本の本社の側から見ることは大変に意義深いことなのである 。日本の本社での研修を終えて帰ってきた現地人スタッフは、日本語はもちろんのこと、日本の文化や日本の考え方などを学んで大きく成長して帰ってくる。そして、ゆくゆくは日系ものづくり企業のなかで育った人材によって、ヒトの現地化が達成し得るかもしれない可能性が出てくる。

すなわち、日本での研修は親会社がどのようになっているのか自らの眼で確かめる絶好の機会であり、現地人の日本での研修を実施することで、日本の親会社が明確に可視化される。さらに、インフォーマントの語りでは、日本での研修によって、日本という国の理解そのものが日本企業の理解に繋がり、日本で生活をすることが日本企業の研修そのものになり得ることが示唆された[(9)]。

すなわち、日本での研修経験が日本人の考え方や日本人の仕事のやり方などを理解するために有効に機能しており、研修以降の日系ものづくり企業で働くための貴重な研修の一部になっており、日本人駐在員にも台湾人スタッフの日本の親会社での研修の有効性が認識されていたのである。

実際、本稿のインフォーマントである台湾人長期勤続マネジャーのなかにも、日本本社での半年以上の長期にわたる研修を受けている者もいる。しかし、大多数のインフォーマントは短期をベースとした出張のみであり、半年以上の長期間の出張を経験したものは数少ない。なぜなら、台湾社会には、一つの会社に長期にわたって滞在する慣習がない。反対に独立して自らの会社をもつことに高い価値を有している(沼崎1996)。そのため、企業側がコストをかけてOJTの一環として長期の日本研修制度を導入しても、派遣した現地人スタッフが転職をしてしまうリスクがある。近年になって、徐々に台湾人キーマン幹部の育成の重要性が再認識されはじめ、現地人の幹部候補者を長期間日本の本社で研修させる制度が作られはじめているが(鈴木2000：110)、実際には多くの日系ものづくり企業では、現地人スタッフを日本本社へ研修に出す制度をもっていない。

インフォーマントの一人(ケース15)は、入社してから7年目のときに日本での研修を1年間受けている。入社時に現在の日本の会社のことや日本人の働き方などの文化的な話しは聞いたが、日本へ研修にいってはじめて、日本人の考え方や日本人の仕事の進め方などを自分が理解していないことに気づいたという。つまり、日本の本社での1年間の研修を受けることによって、日本での生活を通して日本と台湾との違いを明確に認識できるようになったという。

> 「1年間の研修では、言葉の勉強もあるし、いろいろな事業部を回って、物流部門、サービス部門、営業部門、マーケティング部門といろいろ回りました。日本で1年間の長期研修を受ける前と後ではぜんぜん違いました。行く前は日本についてあまり分かりませんでした。例えば、日本人の考え方、日本人の仕事の仕方など、これらはぜんぜん知りませんでした。もちろん会社に入ったときに、うちのトップや会社の人からいろいろ(日本の会社のことや、日本人のことを)聞きましたし、会議でもいろいろ話しを聞きました。しかし、その本当の意味や本当の考え方などはあまり分かっていなかったのです。日本に行ってから、日本人にはこのような生活習慣があって、このような考え方がある、これは当然だと思うようになりました。生活の習慣や文化など、台湾とはぜんぜん違います。そうしたら当然考え方、やり方も違ってくるでしょう。そういうことが分かって、

1年間の日本での研修で自分の考え方もかわりました」

（ケース15：44歳・男性・20年勤続・處長）

つまり、日本における研修は、日本人の理解だけに留まらず、日本人や日本国家のイメージ形成に多大な影響を与える。とりわけ、日本での研修期間中にどのような日本人に出会うかということによって、日本人に対するイメージ形成が決定づけられていた。入社後に日本へ2ヶ月間研修にいったインフォーマント（ケース17）は、そこで親切な日本人と出会い、日本人に対する肯定的な印象が形成されたという。日本における研修を通じて、日本人に対するイメージが、日本人との直接的関わりから再生産されていたのである[(10)]。

このように、日本における長期研修は、日本本社において単に業務に関連する研修を受けること以上の大きな成果をもたらすことがみえてくる。まず何よりも日本への長期研修によって、日本の職場事情が可視化される。派遣された現地人従業員は、日本の親会社と日本人駐在員とがどのようなやり取りをおこなっていたのかを理解し、日本人駐在員の台湾現地子会社での役割を的確に理解することができるようになり、日本人の考え方や仕事のやり方を内面化させて捉えることができるようになる。さらには、日本の親会社で働くことによって、それまで日本人駐在員から聞いていた日本の本社でのやり方や働き方がより確かなものとして理解されるようになる。日本における長期研修によって、それまで台湾日系企業という子会社の側から日本企業や日本人を捉えていたものが、親会社で研修を受けることによって、実際の日本の職場での職場経験を通じて、日本人の働きかたや考え方を内面化させ、台湾の現地子会社を親会社の視点から眺めることを可能にさせることになるのである。

今回聞き取り調査をおこなった台湾人長期勤続マネジャーは、日系ものづくり企業において長期の勤続を経験し日本の本社での研修を通じて多くの日本人スタッフと社会的相互作用をおこない、日本のものづくり企業の職場事情を内面化させていた。すなわち、今回の研究対象となった台湾人マネジャーたちは、日系ものづくり企業内部に長期にわたって留まることによって、日本人との接触経験を積み重ねながら、日本人の仕事の進め方や仕事に対する考え方を内在化させていたのである。

これまで、日系ものづくり企業で長期にわたって勤続してきた台湾人マネジャーの語りを中心に考察しながら、彼らが長期の勤続で日本人スタッフとどのような接触をおこなってきたのかをみてきた。台湾人長期勤続マネジャーは、日本人駐在員から大きな影響を受けながら、長期の勤続過程で自らの仕事のやり方や労働に対する考え方を大きく変化させ、これまでに接触を重ねてきた日系ものづくり企業の職場事情を内面化させ(11)、「第二次社会化」のステージにおいて、日本の職場事情を内面化させていたのである。

それでは、彼らが内面化させていった職場事情とはどのようなものなのであろうか。以下、その日本人の職場事情の具体的な内容を、日本的経営論を手掛かりに、吟味していくことにする。

5. 第二次社会化と日本的経営論

台湾に進出した日系ものづくり企業の職場事情を論じる際には、厖大な数のこれまでに蓄積されてきた日本的経営論を概観する必要がある。「日本的経営とは何か」という問いに関しては、これまで多くの研究がその問いに答えようとしてきた。それらの研究のほとんどが、日本的経営に関する包括的な学術研究の端緒をAbegglen(1985)の『日本の経営』に求めている。具体的には、Abegglenが指摘した日本的経営の三種の神器――「終身雇用制」、「年功制」、「企業別組合」――を日本の企業経営を論じる際の端緒としている(12)。このAbegglenの日本的経営を踏まえて多くの日本的経営が論じられてきたが、もっとも包括的な日本的経営論の定義として、加護野(1997：1-2)の定義を挙げることができる。加護野は、日本的経営を以下のように定義している。

> 「日本的経営とは、日本の文化や制度的な条件をもとに成立した経営についての考え方や経営システムである。日本的経営の基礎になっていたのは、終身雇用、年功序列、企業別組合という雇用制度、企業間の長期継続的な取引制度、内部メンバー中心の多次元的な企業統治(ガバナンス)の制度である。これらの制度のもとに、長期的な視点からの経営という精神(エートス)、QCやカンバン方式、同時並行型の開発など独特の経営システムがつくり出されてきた」
>
> (加護野1997：1-2)

加護野は、日本的経営を包括的に「日本の文化や制度的な条件をもとに成立した経営についての考え方や経営システムである」と定義している。すなわち、これまでの日本的経営論では、日本の経営スタイルは日本の文化や制度に根ざしたものであるとみられ、日本文化論とリンクされながら、日本人論の一部として問題にされてきたのだと言う(13)。

日本的経営論をめぐる大きな論点の一つに、日本人は集団主義的であるというのがある。日本人は、和を重んじ、集団に自らを埋没させる集団志向的傾向が強いという点が指摘され、個人主義との対比から論じられてきた。岩田(1977)によれば、日本の経営に特徴的な組織の集団的な編成や集団内での集団間競争は、日本人に根強い集団的思考性から生み出されているという。

また、日本人の集団主義的傾向を、家族アナロジーを用いて考察する研究も数多くなされた。津田(1977)は、日本の企業経営が生活共同体の特質を体現しているものである点に注目したし、渡辺(1987)は日本企業の組織はあたかも血縁関係をもつ家族のように心理的に結びつき、一つの集団体制をとり、家族共同体に似ているという。また、間(1963)は、これらを含めた戦後日本的経営を対象として論じてきた諸研究を概観し、欧米的なものと日本的なものとの基本的な違いを次の二点に絞っている。すなわち、欧米の近代経営が個人主義と没人間主義を原則としているのに対して、日本のそれは、集団主義と人間主義を実質的に尊重して、その結果、経営の実質的単位は、個人ではなく職場集団となるというのである。そして、日本の経営組織では、職場集団が重んじられ、人の和が強調され、職場空間での協調性や他者との協力といったチームワークが求められるようになったという(14)。確かに、戦後日本の高度経済成長を支えた、日本のものづくりでは、製品の数多くの部品を最終的に相互調整し、各セクションを受けもつ技術者が最終的に微妙なバランスをとりながら「絶妙に呼吸のあった連携」をとることによって、良質な製品を創りあげてきた(藤本2004：127-130)。すなわち、日系ものづくり企業では、そこで働く人々が協調性をもって、チームワークを発揮しながら仕事を進めることが非常に重要な要素となっていたのである。

このように、日本の近代企業経営では、職場集団が重んじられることによって、職場の分掌業務を円滑におこなうための、協調性やチームワークが求められてきた。戦後の高度経済成長を支えた日本のものづくりでは、協調性やチームワークに基づいた、現場で働く人々の「擦り合わせ」が良質な製品を生み出し、個々の従業員が連携して仕事をすることによって大きな成果を生みだしてきた。

台湾に進出した日系ものづくり企業の内部においても、このような日本の近代企業経営で重んじられ、培われてきた職場内の強調性やチームワークは大切な要素となり、職場で働く従業員にとってそれらは、どうしても身につけなくてはならない大切な職場内コミュニケーションスキルということになったわけなのである。

6. 日本社会の「第一次社会化」と「チームワーク力(協調性)」

これまでみてきたように、これまでの日本的経営論によれば、日本のものづくり企業では、協調性やチームワークが求められる。台湾人長期勤続マネジャーの語りからも、日本企業でチームワークが発揮されると非常に大きな力となる点が指摘され、台湾日系ものづくり企業で働いていくためには、高い協調性を有している必要があることが語られていた。

あるインフォーマント(ケース15)は、昇進の条件として、日本語の能力は基本であり、それにプラスαとして専門性が求められること、さらには、その専門性をもってチームワークを発揮することが日系ものづくり企業では必要となることが言われている[15]。

すなわち、日系ものづくり企業では、他者と協調性をもってチームワークを発揮することが求められてくる。さらに、日系ものづくり企業では、会社のために働くことが求められ、個人の利益よりも集団の利益を優先する意識をもたなければならない。そして、集団の利益を優先することが個人の利益に繋がることを語っており、集団の利益を追求するために、一致団結するチームワークが求められることになるのだという。

「アメリカの会社のやり方と日系のやり方は違うのです。日系は、入社したら頑張ってだんだん業務範囲が広くなります。だから給料も高くなります。でも、アメリカの会社はそうではない。今、課長がいなくなったら、すぐ外から課長を入れます。このような状況が多いです。例えば優秀な人はすぐ入ってきて、すぐ偉くなる。だから、下のほうの幹部のチームワークは弱いです。個人の仕事がメインです。だから自分の力だけに力を入れて一時的に頑張るだけ。だから長く頑張れない。そのような状況が生まれる背景には、会社から一時的に利益をもらいたいという考えがあるからです。日系は少し違う。やはり会社の希望はみんなの心を一つにして欲しい。だから団結が大事です。チームで何を目標にして、どのように達成させようかと考えることが大切です。みんなで一緒にやろうという気持ちが大切です。もしそのような気持ちがない人はどうぞ去ってください。もうしかたがないですね。われわれは何度もこの会社の目標・方針を説明しています。やる気がない人は、どうぞ去ってください。やはり優秀な人というのは、頭がいいこととは別です。気持ちを一つにして欲しい。利益は共通の利益。個人の利益ではなくて。そのような意識をもって欲しい。会社の利益が出たあと、個人の利益は絶対に出ます。…やはり会社の命は自分でつくるのです。本当は、会社の命は自分が作る。上層部のことではなくて、みんな全員が一生懸命に働かなければすぐに倒産してしまう。そのような意識が大切です」

（ケース17：48歳・男性・26年勤続・副理）

他のインフォーマントの語りでは、日本人の働き方の素晴らしい点が、「チームワーク」として指摘され[16]、日本企業で働いていくためには、協調性がなければやっていけず、独立心の強い者はなかなか日本企業の中で働き続けるのは難しいという指摘もなされていた[17]。

日本企業のチームワークに関しては、日本人駐在員からも指摘されていた。聞き取りをおこなった日本人駐在員の一人は、日本の会社では「集団主義」的志向性が求められ、他者との協調性が重要となるため、日系企業では安定志向の強い人材が向いているという[18]。

台湾人長期勤続者が指摘した日本人の「協調性の高さ」は、日本国内ではしばしば比較教育学の領域で、日本の幼児教育や小学校教育といった日本社会の第一次社会化のプロセスの文脈で論議される。例えば、佐藤（2001：70-75）は、日本の幼稚園では、情操教育が中心であり、子どもの協調性の発達が重視されているという。日本では主に集団のなかの従順や協調性という自己抑制力の発達に価値が置かれるという(19)。

すなわち、日本人は、幼児教育の段階から既に集団における協調性が育まれ、自己抑制力が発達してくるのだという。このように、日本の小学校と日本企業内の行動的類似性に着目すれば、日本の学校における経験が日本の企業内などでの協調行動の布石になっているという説も根拠のないものではないことが分かる。このような協調行動が、日本的な和を重んじて、集団に自らを埋没させる集団志向的傾向をもつ日本的経営論へと結びつく。これらの日本的経営論の根底に共通してあるのが日本社会の社会化のプロセスを通じて獲得される「協調性」なのである。この日本人の高い協調性によって、戦後日本の高度経済成長を支えた「擦り合わせ型」のものづくりシステムが構築されてきた。

そのため、そのような高い「協調性」の影響を強く受けてきた日本的な擦り合わせ型のものづくりシステムが働く台湾に進出した日系のものづくり企業では、台湾人従業員にも、「チームワーク力(協調性)」を内面化することが求められるのである。

7.「人間的繋がり」の重要性

これまで台湾人長期勤続者の証言から、彼らが現在の日系企業に入社して以来、どのような日本人と接触し、どのような接触経験を蓄積してきたのか、そして日本人との関わりをどのように意味づけてきたのかをみてきた。多くのインフォーマントは、以前派遣されてきた駐在員と現在派遣されてくる駐在員の変化を指摘したが、それらの指摘の多くが、日系企業に入職した当初の日本人駐在員に対する親近感であり、当時の駐在員から実に多くのことを学習し内面化させてきたことが語られた。

台湾人長期勤続マネジャーの語りからは、とりわけ入社初期の頃の日本人との良き関わりの話が聞け、初期の日本人の働き方や考え方から影響を受けていた。このように考えると、台湾人長期勤続者は、その企業内部での長期勤続の過程を通じて、日本人駐在員との人間的な関わりを蓄積させながら、日本人の働き方や考え方を内面化させていったと考えられる。沼崎(1996：280)は、台湾では人が規則に属するのではなく、規則が人に属する傾向にあり、企業組織内では「親分―子分」の関係ができやすく、その間では人格的な結びつきが重要となる。「親分―子分」の間で信頼関係がある限り、その組織はうまく機能するから、台湾では企業内での人格的結びつきが重要となってくる。中国人の人間関係を特徴づけるのは「関係」と呼ばれるネットワークであり、人間関係の網の目が、さまざまな場面で活用されると言われているが(園田2001b, Chen1995＝1998)、瀬地山(1996：276)によれば、台湾でも中国ほどではないにしても、日本に比べると人間関係を機軸に行動するケースが多数みられるという。このように、台湾日系ものづくり企業内部で、台湾に長期に勤務するマネジャーが日本人駐在員とどのような関係を構築してきたのかは、行動の機軸に人間関係が据えられる台湾では非常に重要な意味をもつ。日本人との関わりの蓄積は、「第二次社会化」を促進させる重要な要因として、日系ものづくり企業の内部では非常に大きな意味をもっていたのである。

8. 本論考のまとめと残された課題

台湾に進出した日系ものづくり企業で長期勤続する台湾人マネジャーたちは、日本人駐在員との相互作用を重ね、さらには日本の親会社での研修経験を通じて、日本人の働き方や考え方から多くの影響を受けていた。とりわけ、日系企業に入職した当初の日本人駐在員から強い影響を受け、その当時の日本人駐在員への親しみが語られていた。

台湾に進出した日系ものづくり企業では、多くの場合、日本人駐在員は4-5年で交代となる(古田2004: 124)から、日系ものづくり企業に長期に勤務した台湾人マネジャーはさまざまな日本人駐在員と人間関係をもつことになる。そして、そのようなさまざまな経験をとおして、日本のものづくり企業で求められる「チームワーク力(協調性)」を内面化させていた。このような日系ものづくり企業では、第二次社会化を受けた台湾人長期勤続者が、管理者(マネジャー)となり、現在の台湾日系ものづくり企業の中核的ポジションを担うようになっていた。

しかし、他面、本研究においては台湾人長期勤続者の第二次社会化の過程全てを描ききれてはいない。すなわち、本稿は日本企業を中心に据え、台湾人長期勤続マネジャーが日系企業に入職以降、日本人との相互作用をどのように意味づけ、日本企業や日本人の働き方をどのように捉え、それらが自らの働き方にどのような影響を与えたのかという台湾人長期勤続者の主観的「語り」に焦点を当てたために、台湾における第一次社会化の過程、さらには台湾企業の第二次社会化の過程は十分に考察できなかった。そのため、今回の調査結果からの結論は、日本人駐在員との社会的相互作用や日本での研修が、台湾人長期勤続者の第二次社会化に大きな影響を与える要因になっているであうことを示唆するということにとどめざるを得ない。

台湾における第一次社会化、さらには台湾企業における第二次社会化を明らかにするという残された課題は、今後さらなる探究が必要になろう。これらの点を補強することで、台湾人長期勤続者の日系企業内部における第二次社会化過程の全体像が明らかにされることになる。

さらに、本論考が時代的な制約を受けていることも忘れてはいけない。本稿が対象とした台湾人長期勤続者たちは、日本のものづくり企業が1970年代から90年代に台湾に進出した当初に日系企業に入職した人たちで、彼らは、日本のものづくり企業のやり方をそのまま現地へ移転することが重要であった時期に入社した人たちであり、日本人との協働経験や日本の親会社での研修経験から多大な影響を受け成長していった人たちなのである。そのため、本論考の結果をそのまま現在の台湾日系ものづくり企業で働く一般的な現地人従業員に当てはめることはできない。なぜなら、現在の台湾日系ものづくり企業には、本稿が対象とした台湾人長期勤続者が、マネジャーとして、既にそのポジションを獲得しており、日本企業が台湾に進出した当初とは状況がかなり大きく変化しているからである。

しかし、少なくともこの一連の調査研究において、台湾という地域に進出した日系ものづくり企業で、台湾人長期勤続マネジャーが日本における研修や日本人との協働過程を通じて、日本人の働き方や考え方を内面化させることで、現在のマネジャーとしてのポジションを獲得していったプロセスがあることを示唆することはできたと考えるのである。

注

(1)　「組織社会化」に関するレビュー研究は、高橋(1993)を参照されたい。

(2)　インタビューに関しては、「半構造化インタビュー」という手法をとった。半構造化インタビューとは、標準化されたインタビューや質問紙による調査よりも、比較的オープンに組み立てられた状況のなかで、インフォーマントのものの見方、考え方をより鮮明にすることを意図した手法である。

(3)　本研究が「聞き取り」という手法を用いたのには、理由がある。海外に進出した日系企業内部での日本人駐在員と現地従業員との社会的な相互作用が論じられるさいに、現地従業員がどのように考えているのかという彼らの主観的な意味づけに注目する視点が欠けている場合が多いと思えたからである。

(4)　岡本(1998：vi)は、日本的経営の諸特性がもっとも特徴的に形成され、維持されたのが、ものづくりの分野であり、そのような傾向は金融やサービス業といった他の産業分野には見いだせないという。

(5)　10年前後の勤続者を有する現地人スタッフを調査対象としたのは、熟達研究の分野では、組織の新規参入者が、熟達者になるまでには最低10年の準備期間が必要であると考えられているためである(Dreyfus 1983)。

(6)　東洋経済『アジア進出企業総覧(国別編)』2007年版によれば、①ものづくり企業であること　②現地法人の規模(資本金・従業員数)が大きいこと　③独資かあるいは限りなく独資に近い形で進出していること　④台湾に進出してから15年以上の歴史を有していること　これら4つの条件を満たす日系企業は50社未満であった。

(7)　「最初の総経理は15年間駐在しました。私は、その社長から大きな影響を受けました。その社長はすごく厳しかったです。完全な日本人。戦前の日本人ですね。古い考え方の人でした。でも古いけど、あることですごく私は尊敬しています。厳しかったですけど、仕事の処理の方法、工場の建て方、そういった側面に対してはとても尊敬しています。でも苦しかったね。私は台湾人でしょ。あのときは日本人の考え方や生活とか精神とかぜんぜん分かりませんでしたから。今では、だんだん分かっています。その当時は、分からないことがたくさんありました。特に仕事の面でね。例えば、これは私忘れられないんですけど、あのときのあの社長の時代、私の仕事はほとんど品質管理でした。1年目の私の仕事は品質管理でした。私が品管したとき、社長が1回私に直接指示を出しました。これをテストしてみてくださいと言われました。テストの方法は社長がちゃんと指示して指定しました。でも私は考え方が違うから、社長に別のやり方を提案したのですね。私は社長に「この社長のやり方はたぶんよくないと思いますね」と言ったのです。そしたら社長は怒りました。このテストをする前は何も言わないでくださいと言って、「ジャスト・ドゥー・イト、ただテストをしてください」と言いました。そして、その結果を私に報告してくださいと言いました。私は、そのとき社長のやり方はちょっと理解できなかったね。でも、テストの結果を見てびっくりしました。私が考えていた結果とぜんぜん違いました。社長が考えていた通りの結果でした。これにはびっくりしました。そして分かりました。上司の考え方、視野は広いです。しかし、私は狭いです。これは今でも忘れられない出来事です。あの時はしかられましたけど。今、私の部下に何か同じ状況が発生すれば、もちろん私は前の社長みたいにそんなに厳しくはないけど、ただ同じように言うと思います。このことは一生忘れられません。たぶんこの先も同じだと思い

ます。自分の将来にも影響を与えていると思います」(ケース8：52歳・男性・25年勤続・経理)

「最初の1-2年は仕事があまり面白くなかった。雑用ばかりで、ずっと転職したかった。しかし、2人目の社長は私にいろいろと仕事を教えてくれ、そのお陰で今はいろいろな企画の仕事をしている。昔から財務関係や商業関係の知識もなかったが、その当時の社長は、そういう知識はいらないから、日本語がわかれば充分だからといって、いろいろな仕事を教えてくれた。他の会社はどうなのかわからないが、当時の社長さんは本当に良く仕事を教えてくれ、新しい仕事ができるようになった。私の周りの同僚もいろいろ教わって、新しい仕事をした。そういったことで仕事が面白くなってきたのが、私がここに長くとどまっている理由だと思う」(ケース26：39歳・女性・12年勤続・課長)

(8)「うちの会社から台湾人を日本の本社に派遣するプログラムはあります。去年、私が研修制度を作りました。どのような人が選ばれるかというと、やはり幹部候補、まあ、人物評価ですね。仕事もそうですけれども、人間としての力があるかどうか。ある程度のポジションについている、主任ですね。日本で言うと、課長や係長クラスぐらいかな。30代後半ぐらいの人ですね。もう半年行って帰ってきましたけれども、やはり違う。全然違いますよ。だって、分かりやすく言えば、ここで日本人駐在員のマネジャーが並んでいる。しょっちゅう彼らは電話したり、たまには日本語で喧嘩してどなったりしている。数字の資料を作ったり、日本人駐在員のマネジャーというのは一体何をやっているのか、「そんなに忙しいのかな」と。夜も9時まで残業したり、何をやっているのかなと思っていたけれども「日本に行ってやっと分かった」と言っていましたよ。電話の向こうではどのようなことをやっているのか。Aさん(日本人駐在員)は東京とこのようなことを交渉しているのだというのがやっと分かったと言っていました。それは非常によい経験ですね。すごく意味がある」(ケースJ5：45歳・男性・2.年駐在・総経理)

(9)「入社後、こちらの上司に簡単に挨拶をして、最初の1週間はこの会社の説明等々環境に関しての説明がありました。そのときに、簡単な挨拶程度の日本語も勉強しました。だいたいそういったことが最初の一週間あって、そのあと日本の45日間の研修に出ました。そのとき、ちょうど日本は新年だから、面白かったです。休み中は当然われわれも日本に泊まっていたので名古屋の繁華街の旅館で5日間生活しました。面白かったですね、やはりびっくりしました。台湾の新年は人がいっぱいで、日本はほとんどみんな実家に帰ってしまう。食事は中華料理を探しましたが、なかったですね。私は、そのとき人生で初めてパチンコをしました。休憩しようと思ってパチンコ屋に入って、言葉がぜんぜん分からなかったのですが、でもたくさん儲かりました。ただし、私は日本語が分からなかったので、全部で800本の鉛筆に代えてもらって帰りました。帰ったら、日本の友達はみんな「あなた、あほ」と言いました。やはり外国人だから(笑)。本当に楽しかったですね」(ケース16：52歳・男性・28年勤続・執行副理)

「昔の戒厳令で、人は発言するときにとても緊張していました。不注意に発言するとスパイにされてしまいます。われわれは、外国にでるときもパスポートの申請はそんなに簡単ではありません。戒厳令が解けてオープンになり、給料もだんだん上がってきて、国も整備されてきて外国に行けるケースも多くなりました。研修、出張そうすると優秀な人は外に出て、昔はテレビがなくラジオだけの情報だけで、テレビが普及して、目で確かめたけれど、まだ匂いを感じていない。だから、実際に行ってみて、日本に行ってみて、なるほど新幹線もあんなに早いですよ、街もとてもきれいですよ、いろいろそういった感受性で影響を受けて帰ってきました。本当にいい勉強になりました」(ケース1：54歳・男性・32年勤続・副総経理)

(10)　「2ヶ月間の研修で、「ああ、素晴らしいな」と思う日本の方々に会いました。管理の面やいろいろと親切な面など、私はとても感心しました。日本人に対する印象は、やはり「親切」ですね。一つはお礼、お礼が多いですね。私が見た感じでは、いろいろと敬語を使っている。日本語があまり分からないから、日本の方にとって私は外人ですから親切に感じたというわけではないんです。そうではなくて、特に私が出張のときは日本は正月でした。そのとき、会社は休みで、私はホテルに住んでいました。だから一週間の正月休みに、外出してみたのです。でも、外も分からないですね。もちろん地下鉄を使って移動しましたが、分からないときには警察署に行きました。警察は私が行きたい場所を確認してくれ、私が行きたい場所がわからない時はそこまで連れて行ってくれました。私は感心しました。普通はそこまでしてくれないです。日本はみんな親切です。もちろんコミュニケーションは難しかったですが、でも警察は私を連れて送ってくれました。だから安心できる。私はそのような感じを受け、いい印象をもちました」(ケース17：48歳・男性・26年勤続・副理)

(11)　「日本人を了解するのは、やっぱり経験からですよ。だから、20数年以上もここにずっといれば、結局日本人と接触する期間が長いから、だから自然にここ(現地)の一般従業員よりも日本人のことが分かってきますよ。この27年間の日系企業での勤続で一番影響があったのは、やっぱり、ものの考え方とものの やり方です。この会社は組織で動いていますから、上から下までちゃんとルールがあります。だからこのルールが、いつの間にか自分の生活にも影響を与えているのです」(ケース10：51歳・男性・27年勤続・技術課長)

「わたしは半分日本人だというふうに思われています。物事の決め方とか考え方はやっぱり日本人に近いんです。この会社に入って以来、ずっと日本人と一緒にいるから。大体、わたしが仕事をしている職場ではいつでも日本人がいる。だから日本人の考え方は分かってきました、一緒にいて」(ケース9：51歳・男性・28年勤続・副理)

「20年間現在の会社で働いているので、働き方は日本人から影響を受けています。とくに仕事をまじめにする精神は日本人から強く影響を受けていると思っています」(ケース21：47歳・男性・20年勤続・所長)

(12)　飯田(1998：20)は、これまでの日本的な経営システムを主題とした140冊以上にのぼる文献を整理し、それらの多くの文献が日本的経営に関する包括的学術研究の端緒とされている記念碑的文献としてAbegglen(1958)『日本の経営』を挙げていることを指摘している。

(13)　飯田(1998：69-136)によれば、日本的経営を論じる研究者によってそれぞれの研究上の立場は微妙に異なってくるとして、研究上の立場ごとにそれらを四種類の観点に分類している。すなわち、①「日本企業に固有の特徴を研究する立場」、②「日本企業において実施率の高い経営システムを研究する立場」、③「海外子会社には移植できない経営システムを研究する立場」、④「国際間競争における日本企業の成功要因を研究する立場」の四つである。しかし、日本的経営論を四種類に分類してはいるものの、いずれの観点も日本的経営の固有性の論議という範疇を脱していない。すなわち、これまでの日本的経営論に関する考察では、その特殊性に注目した研究が主であり、日本的経営の固有性が考察の中心となっていたといってよい 。もっとも、いわゆるAbegglenの三種の神器に代表される「日本的経営」が日本の文化的特殊性や、日本の固有性ではないという主張も存在する。例えば、Emmot(1989)やOppenheim(1991)は、日本的経営の代表格としていわれている終身雇用制は大企業にのみにみられるシステムであり、中小企業では導入されていない点を指摘し、日本的経営の固有性を否定している。さらに、島田(1994)や尾西(1997)は終身雇用制といっても、明確な契約が結ばれているわけでもなく、さらに法律上も正当な理由があれば解雇は比較的自由にできるようになっているため、制度として終身雇用制があるとはいえないという。なお、日本的経営システムの固有性をめぐる議論に関しては、谷内(1999)を参照されたい。本稿では、そうした台湾に進出した日系ものづくり企業内部で台湾人長期勤続者が「第二次社会化」過程を経てどのようなことを認識していくのかについて論じているが、そこで中心的な問題に据えるのは、やはり、その日本的経営の固有性なのである。

(14)　Sharp(2002)は、イギリスの日系製造工場のライン従業員がどのように管理されているのか研究をおこない、ライン従業員の管理システムとして「チーム意識」と「統一した目標」を共有する意識が高められる風土があることを指摘している。さらに、トヨタの米国工場経営を研究したBesser(1996=1999)では、米国のトヨタ内部の組織状況を理解しようとする場合に、その中心的位置を占める概念は、「チーム」であるとし、組織構造のあまりに多くの面が「チーム」概念を核として方向づけられているという。

(15)　「うちの会社に入ってくる社員にとって、日本語は基本です。日本語ができないと、多分出世も難しい。チャンスが少ない。日本語が基本。それにプラスαですね。例えば自分の専門に関する力です。自分にはどのような特徴があるのか。これを絶対作っていく必要がる。自分の特徴を作ってください。例えばマーケティングが得意であれば、商品のマーケティングの専門性を伸ばして、この商品のプロになってくださいと。専門性が大事です。そのあとは、やはりチームワークはよく注意しなければならない。会社の成功は、1人の成功だけではなくて、グループの力。上司の力を利用して、上司もこのチームに入れて、また自分の部下をどのようにこのチームに入れて、隣の同僚や隣の部門も一緒にこのチームにどのように入れて働くか。そうしないと、このチームの力は弱い。これが二つ目。そうしないと出世できない。出世するための基本は日本語。プラス自分の特徴、専門力、プラスチームワーク。そうしないと、1人の力は弱いですから」(ケース15：44歳・男性・20年勤続・處長)

(16)　「日本人の働き方のいい点は、一つは計画です。とても慎重です。要するにきれい。計画や夢、ビジョンがきれい。これは世の中でいちばんきれいだと思います。本当にビジョンも広いし、夢もきれいだし。これがまず1点目です。二つめは、グループやチーム、チームワークが強い。台湾人と比べて強い。台湾のほうは、チームワークの力は少し弱い。ただし、個人が強くて優秀。日本はチームワークの力が強い。これが違うところ。これが二つ目ですね。三つめは、日本のかたは特に反省力が強い。繰り返し、繰り返し反省しますね。台湾のほうは間違ったことがあってもそのことに対して少し反省するだけです。うちの日本人の上司や同僚、またこの会社の日本人などをみているとそのように感じています」(ケース15：44歳・男性・20年勤続・處長)

(17)　「日本の企業で働いている人の共通点は、やはり協調性ですね。協調性がないと、やっぱり日本の企業では働いていられないと思うんです。あまり独立心が強いと多分生存していけないんじゃないかな」(ケース4：47歳・男性・16年勤続・経理)

(18)　「日系企業に合う人材は、やはり安定志向の人ですね。老板志向の人や、あるいはジョブホッピングして自分のキャリアを積もうとか、そのような人は、やはり合わないのではないかという気がしますね。それは業種などにもよるでしょう。うちはメーカーですから、あまり合わないのかもしれない。文化的に「和をもって尊しとする」ではないけれども、そのようなものがあるではないですか。最近は「和して同ぜず」などと言う人もいますけれども。やはりね、「和をもって尊しとなす」ということもそうだし、「和して同ぜず」もそうだけれども、どうしても「和」だから、「和」が頭にあるでしょう。和を大事にする民族性というか、国民性というか、企業文化というか、そのようなところがあるのです」(ケースJ5：45歳・男性・2.5年駐在・総経理)

(19)　日米の小学校カリキュラムを比較した恒吉(1992:41-48)は、日本の小学校では「思いやり」や「気持ちを察する力」などの言葉に示されるような、相手の気持ちになって考える能力、感情移入能力が強調され、他者への協調行動の機会がアメリカの小学生より圧倒的に多い点を指摘している 。そして、小学校でおこなわれているような同調目標が掲げられ、協調行動が推進されることは、日本の他の組織でも見られるという。

[参考文献]

Abegglen, James C. (1958) *The Japanese Factory: aspects of its social organization*, Glencoe, Illinois: The Free Press.(占部郁美監訳、1958『日本の経営』ダイヤモンド社)

Berger, L. P & Luckmann, Thomas (1966) *The Social Construction of Reality: A Treaties in the Sociology of Knowledge*, Doubleday & Company. (山口節郎訳、2003『現実の社会的

構成：知識社会学論考』新曜社）
Besser L. Terry（1996）TEAM TOYOTA: Transplanting the Toyota Culture to the Camry Plant in Kentucky, State University of New York.（鈴木良始訳、1999『トヨタの米国工場経営：チーム文化とアメリカ人』北海道大学図書刊行会）
Chen, Min（1995）*Asian Management Systems: Chinese Japanese and Korean Styles of Business*, Routledge.（長谷川啓之他訳、1998『東アジアの経営システム比較』新評論）
Dreyfus, S.E（1983）"How Expert Managers Tend to Let the Gut Lead the Brain", *Management Review*, September pp.56-61
Emmot, Bill（1989）*The Sun Also Sets*, Simon & Schuster Ltd.,（鈴木主税訳『日はまた沈む：ジャパン・パワーの限界』草思社）
藤本隆宏（2004）『日本のものづくり哲学』日本経済新聞社
古田秋太郎（2004）『中国における日系企業の経営現地化』税務経理協会
間宏（1963）『日本的経営の系譜』日本能率協会
伊藤精男（2004）「組織人の身体になる――組織社会化過程のエスノグラフィー」『社会分析』31号、pp.93-111
城戸康彰（1981）「若年従業員の組織コミットメントの形成――組織社会化の解明に向けて――」、『金沢経済大学論集』15（2）、pp.95-119
Jones, G.R.（1983）"Psychological Orientation and the Process of Organizational Socialization: An Interactionist Perspective", *Academy of Management Review* 8（3）, pp.464-474
金井壽宏・鈴木竜太・松岡久美（1998）「個人と組織のかかわり合いとキャリア発達――組織でのテニュア、組織コミットメントの高揚および理念の理解――」
Louis, M.R.,（1980）"Surprise and Sense Making: What Newcomers Experiences in Entering Unfamiliar Organizational Settings", Administrative Science Quarterly 25, pp226-251
沼崎一郎（1996）「台湾における「老板」的企業発展」（服部民夫・佐藤幸人編『韓国・台湾の発展メカニズム』アジア経済研究所）
作田啓一（2001）『価値の社会学』岩波書店
岩田龍子（1977）『日本的経営の編成原理』文眞堂
飯田史彦（1998）『日本的経営の論点：名著から探る成功原則』PHP新書
尾形真実哉（2009）「導入時研修が新人の組織社会化に与える影響の分析――組織社会化戦術の観点から――」、『甲南経営研究』第49巻（第4号）、pp.19-61
岡本康雄編（1998）『日系企業in東アジア』有斐閣
奥山敏雄（1995）「対立する常識：日中間の組織感覚の違いとコミュニケーションの落し穴」（今田高俊・園田茂人編『アジアからの視線：日系企業で働く1万人からみた「日本」』東京大学出版会）
尾西正美（1997）『日本型人事政策のダイナミズム』学文社
Oppenheim, Phillip（1991）*The New Masters*,（阿部司訳、1993『日本・正々堂々の大国』日本経済新聞社）

佐々木政次(2006)「新入社員の幻滅経験がその後の組織社会化に及ぼす効果」、『一宮女子短期大学紀要』45、pp.55-62
佐藤郁哉(2002)『組織と経営について知るための実践フィールドワーク入門』有斐閣
佐藤淑子(2001)『イギリスのいい子日本のいい子：自己主張とがまんの教育学』中公新書
瀬地山角(1996)「韓国・台湾経済の文化被拘束性」(服部民夫・佐藤幸人編『韓国・台湾の発展メカニズム』アジア経済研究所)
Sharp, R. Diana (2002) "Teamworking and managerial control within a Japanese manufacturing subsidiary in the UK", *Personnel Review*, Vol. 31 No.3, 2002, pp.267-282
島田晴雄(1994)『日本の雇用』筑摩書房
園田茂人(2001)『中国人の心理と行動』日本放送出版協会
園田茂人(2003)「日系企業における文化摩擦：その多様な姿に見る日本とアジアの「現在」」(青木保他編『アジア新世紀－市場－』岩波書店)
高橋弘司(1993)「組織社会化研究をめぐる諸問題」、『経営行動科学』第8巻第1号、pp.1-22
竹村之宏(1997)『進化する日本型経営』ダイヤモンド社
竹内倫和・竹内規彦(2009)「新規参入者の組織社会化メカニズムに関する実証的検討――入社前・入社後の組織適応要因――」、『日本経営学会誌』第23号、pp.37-49
津田眞澂(1977)『日本的経営の論理』中央経済社
恒吉僚子(1992)『人間形成の日米比較：かくれたカリキュラム』中公新書
上野山達哉(1999)「意味形成アプローチによる組織社会化過程の定性的分析」『六甲台論集：経営学編』45(3)、pp.1-19
渡辺孝雄(1987)『日本的経営の変貌』学生社
谷内篤博(1999)「日本的雇用システムの特殊性と普遍性」『文京女子大学経営論集』第9巻第1号、pp.71-88

(東京大学ものづくり経営研究センター・特任助教)

APPENDIX

表1①台湾人長期勤続者のフェイス・シート（2003年調査）

ケース	年齢（歳）	性別	最終学歴	在日期間（年）	業種	勤続年数（年）	職階	所属部署
1	54	男	短大（台）	なし	楽器製造	32	副総経理	—
2	50代	男	短大（台）	なし	楽器製造	25	協理	品管理部
3	55	女	大学（台）	なし	テクノロジー	29	経理	管理部
4	47	男	大学（日）	5	テクノロジー	16	経理	資訊系統部
5	64	男	大学（台）	なし	製薬	39	経理	董事・管理部
6	49	男	高校（台）	なし	時計製造	25	副総経理	事業部
7	50	男	短大（台）	なし	時計製造	26	副総経理	事業部
8	52	男	短大（台）	なし	時計製造	25	経理	事業管理部・総務部
9	51	男	—	なし	釣具製造	28	副理	製造部
10	51	男	短大（台）	なし	釣具製造	27	技術課長	技術部
11*1	47	男	短大（台）	なし	時計・精密機械販売	23	協理	事業開発部

＊1　ケース11とケース12は、2003年と2007年の二回にわたり聞き取り調査に応じてくれた同一のインフォーマントである。2003年から2007年の間に、彼は「協理」から「副董事長」へと昇進した。さらに、彼の勤務している企業は、従業員数45名規模から65名規模に拡大し、企業のフロアも拡張された。

表１②　台湾人長期勤続者のフェイス・シート（2007年調査）

ケース	年齢（歳）	性別	最終学歴	在日期間（年）	業種	勤続年数（年）	職階	所属部署
12	51	男	短大（台）	なし	時計・精密機械販売	27	副董事長	—
13	43	男	大学（台）	なし	電器製品販売	17	経理	人事総務部
14	50	男	大学（台）	なし	電器製品販売・製造	24	事業處長	—
15	44	男	大学（台）	なし	電器製品販売・製造	20	處長	電化空調商品部
16	52	男	大学（台）	なし	ミシン製造	28	執行副理	総務部
17	48	男	大学（台）	なし	ミシン製造	26	副理	製造部
18	44	男	大学（台）	なし	電子部品販売	18	協理	営業部

19	51	男	大学(台)	なし	カメラ製造	25	経理	総務部
20	51	男	大学(台)	なし	建設	22	所長	—
21	47	男	大学(台)	なし	建設	20	所長	—
22	45	男	大学(台)	なし	建設	18	所長	—
23	46	女	大学(日)	5	建設	14	副理	管理部
24	48	男	大学(台)	なし	電器製造販売	7	総経理	—
25	34	女	大学(日)	5	電器部品販売	9	副理	営業部
26	39	女	大学(日)	4	自動車部品製造・販売	12	課長	経営企画部
27	61	男	高校(台)	なし	家電製品の製造・販売	38	副総経理	—
28	40代	女	大学(台)	なし	パン製造・販売	10	課長	管理部
29	40代	女	大学(台)	なし	パン製造・販売	19	課長	会計部
30	40代	女	大学(台)	なし	パン製造・販売	20	副理	営業部

表2　日本人駐在員のフェイス・シート(2007年調査)

ケース	年齢(歳)	性別	駐在年数(年)	職階	所属部署
J1	46	男	7	総経理	—
J2	45	男	1	部長	企画部
J3	38	男	4.5	協理	管理部
J4	51	男	3	董事・協理	—
J5	45	男	2.5	総経理	—
J6	49	男	1.5	総経理・董事長	—

表3①　訪問企業一覧（2003年調査）

企業(ケースNo.)	操業年数(年)	従業員数(人)	進出形態	出資率
A(ケース1, 2)	33	746	独資	100%
B(ケース3, 4)	36	—	独資	100%
C(ケース5)	40	106	独資	100%
D(ケース6, 7, 8)	25	103	独資	100%
E(ケース9, 10)	32	338	合弁	93.3%・6.7%
F(ケース11)	19	45	独資	100%

*数字は全て2003年時点のもの

表3②　訪問企業一覧（2007年調査）

企業	操業年数(年)	従業員数(人)	進出形態	出資率
F(ケース12)	23	65	独資	100%
G(ケース13, 14, 15)	45	2200	独資	100%
H(ケース16, 17)	28	270	独資	100%
I(ケース18)	28	116	合弁	90%・10%
J(ケース19, J4)	37	1114	独資	100%
K(ケース20, 21, 22, 23)	24	307	独資	100%
L(ケース24, 25)	18	46	独資	100%
M(ケース26)	20	117	独資	100%
N(ケース27)	43	70	独資	100%
O(ケース28, 29, 30)	20	882	独資	100%
P(ケースJ1)	19	424	合弁	90%・10%
Q(ケースJ2, J3)	20	63	独資	100%
R(ケースJ5)	17	47	独資	100%
S(ケースJ6)	36	781	独資	100%

*数字は全て2007年時点のもの
*企業Fに関しては、2003年と2007年2回訪問している。

【研究例会報告】

不安定化する雇用に伴う労働者の「生きにくさ」
―ある女性コミュニティ・ユニオン組合員たちへのインタビューを事例として―

仁井田 典子
NIIDA, Noriko

1. 課 題

本報告では、雇用の不安定化によって、女性たちがいかなる生きにくさに直面しているのかということを明らかにするための試みとして、女性コミュニティ・ユニオンで活動する組合員に対するインタビュー調査から、彼女たちの意味的世界を描き出した。コミュニティ・ユニオンで活動する女性たちは、生きていく上で何らかの問題に直面し、それらを課題として取り組んでいることから、本報告の事例として取り上げた。

2. 結 果

彼女たちは、家事労働を引き受けるために雇用を調節せざるを得ない状況におかれ、自らもジェンダー規範にとらわれることで、介護などの家事労働を、女性の役割として自らが引き受けざるを得ないことと考え、引き受けていた。けれども、彼女たちはそうすることによって、家事労働と賃労働とのはざまで、自らのアイデンティティが危機にさらされていた。

他方、家事労働を避けるために単身で生活していく場合にも、企業内で女性労働者として位置づけられ、職場内での雑用等を強いられることに違和感を覚えながらも、自ら生計を維持していくために、ジェンダー役割を引き受けざるを得ない様子がうかがえた。

このように、家事労働を引き受けた場合にも、家事労働を避けるために単身で生活していく場合にも、女性たちは問題を抱えざるを得ない様子がうかがえた。そして、彼女たちがコミュニティ・ユニオンとの関わりを持つのは、単に労働における問題だけではなく、家庭や職場でジェンダー役割を強いられることによって感じる矛盾や不満などを自らの問題や課題とし、立ち向かおうとしているからであった。

3. 質疑応答・今後の展望

女性コミュニティ・ユニオンで活動する女性たちへのインタビューを通じて、雇用の不安定化によって女性たちが直面した生きにくさを明らかにする、という本報告の試みは、単に個々の女性が主観的に生きにくいと感じていることを明らかにするためではないし、また女性の生きにくさとはいかなるものかについて明確に定義することを目的としているわけでもない。

むしろ、生きていくうえで問題や課題を抱え、それに立ち向かおうとしている女性たちの語りを通じて、雇用が不安定化していくなかで、女性たちがいかなる生きにくさに直面しつつあるのかを明らかにしていくことを目的としている。そのために、今後はインタビューや参与観察などの質的調査に関する分析枠組みを洗練させていきたい。また、本報告で用いたデータについて言えば、彼女たちの意味的世界を明らかにしていくなかで、コミュニティ・ユニオンをどのように意味づけているのかをより明確にしていかなければならないと考えている。

（首都大学東京大学大学院人文科学研究科）

【研究例会報告】

ドラッグストアの経営成長を支える女性従業員の職場生活

—A薬局における事例研究—

キョウ 迪
KYOU, Teki

本論文では、浜松市を中心に店舗を展開している地域最大手のA薬局を事例として、現代の時代に適合的な経営展開を進めているドラッグストア業態の時代環境適応戦略とその意味について、日々の業務を現場で遂行している従業員の仕事と職場生活の実態にまで下りて実証的に考察した。

その際、理論的な含意としては、小売業態の3段階発展の認識、とりわけ、単なる「記号消費」（ボードリヤール）の段階を過ぎた生態系的な個人と地域社会の復権段階としての現代社会認識を前提に、古典的モデルとしての「小売の輪」モデル、「真空地帯」モデル、「ライフサイクル」モデルをさしあたりの導きの糸として、ドラッグストアに至る小売業態変容の意味を追跡した。その結果、ドラッグストアが、大型店舗を志向しながら、医薬品・化粧品を軸に関連生活商品を幅広く、かつ安価にそろえることで差別化を図っているとともに、「医薬分業」も追い風として、薬剤師のフル活用を介して美容・健康カウンセリングサービスの方向に展開しようとしている意味を確認できた。

さらにA薬局発行の会社資料・HP分析や、オリジナルなインタビュー調査、調査票調査を介して、まさにこのドラッグストアの先端の経営展開に携わる現場従業員の仕事での創意・工夫、また（時代の先端を行っているが故の）高いやりがい感などを確認することができた。また、現在のA薬局は、このような従業員への「日本的経営」的な安心感を与えつつ、自発的な創意・熱意を引き出す福利厚生・労務管理を実施しており、現場従業員の意識から見てもかなり高い成果を挙げていることが確認できた。

従来より、薬局においては、薬剤師の存在が不可欠であったが、近年とりわけ「医薬分業」の進展により、医療機関が発行する処方箋などへの対応、一般市販薬や健康食品・一般食品などとの「飲み合わせ」相談なども業務として広がってきている。

この「薬剤師」の存在と確保がA薬局の現在と今後の展開においても重要な位置を占めている。しかし薬剤師は、大学薬学(特に近年よりは6年制)卒業の専門職として社会的地位が高いが、特に役職はないケースが多く、「上司」との意見交換などもそれほど密とはいえず、「店長」のポジションについても「引き受ける」と「やりたいと思わない」が二極化しているなど、微妙な立ち位置にあることが垣間見られた。

これに対して、各店舗の店作りについて各店長に大きく権限委任している経営方針は、店長の責任感と使命感を引き出し、地域顧客のニーズに細やかに対応する経営効果を可能としている。事実店長は、店舗づくりなどに傾倒して達成感を持つとともに、責任を任されていることや、上司からの評価、反対に部下の成長などに大きなやりがい感を感じている。また女性従業員に対しても、「不可欠な存在」と認識し、「男性とは違う」柔軟性や「違う視点」についての評価を持ち、仕事上の連携を保っている。

他方、A薬局の現場を支えている女性従業員は、他の層にもまして、高い労働意欲と満足感を有しており、職場の人間関係や文化もそれを後押しするものとして機能している。働く女性の社会進出と健康・美意識の高まりなどを時代背景として、女性顧客が中心となる中で、A薬局の女性従業員は、女性としての感性を活かしつつ(またそのように各店舗でも認識されつつ)、細やかな顧客対応を図っている。しかしそのことは逆に、店長への昇任からは一歩身を引く傾向としても現れている。A薬局への入社についてはほとんどの女性従業員のケースが肯定的に評価している。

A薬局を始めドラッグストアが、一方では大型化を進め、他方では、地域密着型の経営展開を進める傾向は当面続くであろう。しかし、コンビニエンスストアでの薬品の取扱い開始は直接に脅威となろう。また、医師と薬剤師の役割分担がより薬剤師の重みを増す方向に行かない場合には、カウンセリング業務で新たな経営進路を開こうとの戦略もそれほどの効果を挙げないかもしれない。

最後に、本調査対象は、ほとんど正規従業員であり、パート従業員の実態・

意識には触れられなかった。この400人の正規従業員の職場生活は1600人のパート従業員の仕事の上に乗っている。

今回の調査における、「勤務中に困っていること」という質問で、1ケースは「店長とパートさんの仲介が大変」と言っているが、この問題の考察は今後の課題になる。

（静岡大学大学院情報学研究科）

【研究例会報告】

中村眞人『仕事の再構築と労使関係：世紀転換点の日本と精密機械企業』御茶の水書房(2009)

中村 眞人
NAKAMURA, Masato

1. 研究と執筆の経過

本書に対しては、すでに高橋祐吉氏が丁寧な書評を執筆してくださっている(高橋 2010)。また本年度(2010年度)10月に開催される社会政策学会大会の書評分科会で 取りあげられる予定である。以下は、7月3日の労働社会学会例会報告について、報告後の質疑内容も踏まえて報告者として総括した文章である。

本書は、著者が大学院博士課程在学中から20年ほどの間、続けてきた研究の成 果をとりまとめたものである。はじめは、初出の論文を活かしていこうと思った が、執筆後に加わった新しい発見が少なからずあって、結果としてかなりの部分 を新たに書き下ろした。

2. 本書の概観

はじめに、「企業社会の再編成と労使関係の転換」として、1980年代から話題になり1990年代には顕著になった「仕事の再構築」という現象と労使関係の変動 について論じた。つづいて、日本では1980年代末から始まり1990年代前半に堅調 に進んだ労働時間の短縮と、同時進行した労働時間柔軟化について考察した。特に、政労使三者合意による労働時間短縮を推進する社会政策に注目している。さらに次の章では、職業的ストレスと職場メンタルヘルスについて検討した。

第4章の「転換期の労使関係と企業別労働組合―長期雇用・生活給と労働者

世界のゆくえ―」は論述の分量がもっとも多い。精密機械産業に属する世界的な大企業に組織された労働組合を対象として事例研究をおこなっている。引き続き、同じ会社で盛んになったＱＣサークル活動を取りあげて、職場小集団活動と労働スタイルについて考察した。

続く二つの章では、精密機械産業と電子機器産業に事例を求めて、企業集団が国内から海外へと拡大する様子と、各製造拠点における仕事の変化を追跡した。

3. 雇用・労働と労使関係をめぐる論点

3-1 雇用慣行の変化など

「仕事の再構築」restructuring of workとは、個人業績本位の報酬制度、労働時間制度の柔軟化と多様化、非典型雇用の増大など、工業化をとげた諸国に顕著な雇用と労働条件をめぐる変化をいう。通俗的な議論のなかでは、「大企業で終身雇用が崩壊した。」との主張がなされている。しかし、現実には、大企業において高度な管理、企画、開発などに携わる部分は長期雇用のもとで人的資源開発の対象となっている。他方、定型的業務、支援的業務に携わる部分では、労働市場を支える新たな制度整備や業務支援サービスの発展のなかで階層としての分化が生じている。こうした現実を学問的に検討する必要を覚えさせられる。

3-2 日本の労働組合について

日本の大企業における企業別組合について、利害代表の機能を事実にもとづいて明らかにすることが重要である。本研究では、高度技術を応用して国際的に展開している企業において労働組合機能が発揮されている事例を対象として、組合機能のあり方についてデータにもとづいて検討することができた。

3-3 職場小集団活動について

職場小集団活動における、経営者の指導性、労働者の自主性についてはこれまでも研究が行われてきた。本研究では時計産業における事例を取りあげて、トップダウンの再教育プログラムと判断するとともに、労働者の受け止め方の実態を記述している。

3-4 日本の製造業による海外生産の拡大

海外生産の拡大が、日本の製造業の産業基盤を衰退させるという主張が有力である。しかし事実はそれほど単純ではない。企業グループの国内から海外への展開と、(特に企業グループ内での)分業構造の変動との関わりについて、国際競争力のある先端技術産業である電子機器製造業と精密機械産業を対象として検証した。そのなかで、海外に移転される業務と移転できない業務とを識別することの必要性と、日本国内での業務の高度化が重要な事実であることを指摘した。

4. 研究展開の可能性

4-1 仕事の再構築

工業化をとげた社会における「仕事の再構築」という現象の内実について、ポジティブな像を描く作業が求められている。1990年代に提示され現在も展開されているOECDの雇用戦略は、労働市場の機能を高めることによって雇用の拡大と安定を構想している。EUによる社会経済モデルの構想は、社会対話による利害調整を通じて、貧困と社会的排除を克服しようとしている。こうした政策構想の正確な姿と、その基礎にある諸事実を解明しなければならない。

4-2 アジアの人的資源と知識社会の産業・労働

現在、日本企業による海外生産の展開と東アジア・東南アジアの工業化についての現地調査を進めている。今後は、それと並行して、既に工業化を達成した社会、知識社会における産業と労働についての社会学的研究が必要である。具体的には、製造業におけるイノベーションを支える技術労働の実態、また流通、情報通信、資源・エネルギーなどの分野における開発や投資活動を支える労働と人的資源管理の展開が研究課題である。

4-3 産業と労働の社会学

産業と労働の分野では、社会学以外の方法論に依拠する研究者との交流と協力は大変に実りの多い実践である。他方で、社会学の専門家としては、社会学原理論や社会学方法論との関わりを明らかにして、社会学史の古典をも振り返りながら、客観的認識と論理的思考を構築していく必要を感じている。

[文献]

中村眞人(2009)『仕事の再構築と労使関係：世紀転換点の日本と精密機械企業』御茶の水書房。

高橋祐吉(2010)「書評と紹介：中村眞人著『仕事の再構築と労使関係』」(『大原社会問題研究所雑誌』第621号)。

(東京女子大学現代教養学部)

投稿規定

(2009年9月5日 改正)

[投稿資格]

1. 本誌への投稿資格は、本会会員とする。なお、投稿論文が共著論文の場合、執筆者のうち筆頭著者を含む半数以上が本会会員であることを要する。

[投稿原稿]

2. 本誌への投稿は論文・研究ノート、その他とする。
3. 投稿する論文は未発表のものに限る。他誌への重複投稿は認めない。既発表の有無・重複投稿の判断等は、編集委員会に帰属する。ただし、学会・研究会等で発表したものについては、この限りではない。

[執筆要項]

4. 投稿は、ワープロ類による横書きとする。ＦＤで入稿する際には使用したワープロソフト名とバージョンを明記すること。
5. 論文および研究ノートの分量は24,000～32,000字以内(図表込み：図表は1つにつき400字換算)とし、英文サマリー300語以内を付する。
6. 原稿は下記の順序に従って記述する。
   題目、英文題目、執筆者名、執筆者ローマ字名、英文要約、本文、注、文献、字数。
7. 英文題目、英文要約については事前に、native speakerによる確認を受けておくこと。
8. 本文の章・節の見出しは、つぎの通りとする。
   1. 2. 3. …、(1)(2)(3)…、1) 2) 3)…
9. 本文への補注は、本文の箇所の右肩に(1)、(2)、(3)の記号をつけ、論文末の文献リストの前に一括して掲載する。
10. 引用文献注は下記のように掲載する。
   引用文献注は本文の該当箇所に(　　)を付して(著者名、西暦発行年、引用ページ)を示す。引用文献は論文末の補注の後に、著者のアルファベット順に著者名、刊行西暦年、書名(または論文名、掲載誌名、巻号)、出版社の順に一括して掲載する。また、同一の著者の同一年度に発行の複数の著書または論文がある場合には、発行順にa，b，c，…を付する。
11. 図、表、写真は別紙とし、次のように作成する。

(1) 本文の該当する箇所の欄外に挿入箇所を朱書きして指定する。

(2) 写真は印画紙に焼きつけたものを添付する。

(3) 図・表の文字の大きさは、別紙で定める図表基準に従うこと。

(4) 図・表の番号は、図－1、表－1のように示し、図・表のそれぞれについて通し番号をつけ、表にはタイトルを上に、図にはタイトルを下につける。

(5) 図･表･写真等を他の著作物から引用する場合は、出典を必ず明記し、必要に応じて原著者または著作権保持者から使用許可を得ること。

[申し込みと提出]

12. 投稿希望者は、随意の用紙に以下の事項を明記し、編集委員会宛に申し込む。

(1) 氏名、(2) 郵便番号と住所、電話番号、e-mailアドレス、(3) 所属機関・職名、同電話番号、(4) 論文、研究ノートなどの区分、(5) 論文の題目、(6) 論文の概略、(7) 使用ワープロ類の機種とそのソフトの名称およびバージョン。

13. 当初の投稿は原稿とコピー計3部(うちコピー2部は氏名を伏せること)を送付する。

[原稿の採否]

14. 投稿論文は複数の審査員の審査結果により、編集委員会が掲載の可否を決定する。

15. 最終段階で完成原稿とコピー計2部とフロッピー・ディスクを編集委員会に送付する。

[図表基準]

16. 図表は次の基準により作成するものとする。

(1) 図表のサイズは左右110ミリ以内とする。

(2) 図表タイトル文字は、フォントの種類をゴシック、フォントサイズを8.5ポイントとする。

(3) キャプションおよび注は、フォントの種類を明朝体、フォントサイズを6.5ポイントとする。

(4) 図表内の文字および数字は、フォントの種類を明朝体、フォントサイズを7.5ポイントとする。

(5) 表に用いる罫線は、例示した表を参考にして最小限にとどめること。

(6) 図表作成の詳細については、原稿提出後に出版社との調整があるので、その指示に従い、投稿者の責任において修正することとする。

[図表基準例]

表-1　道歳入決算額構成比率　　（単位：%）

	1974年		1976年		1978年	
	北海道	全国	北海道	全国	北海道	全国
地方税	23.1	35.4	19.6	31.1	18.8	29.5
地方交付税	23.9	16.5	22.3	17.3	21.6	18.2
国庫支出金	35.2	25.9	35.5	27.1	35.9	27.25
一般財源	48.7	52.9	43.3	49.2	41.7	48.6

[付　記]

1. 本規程の改訂は、幹事会の承認を得なければならない。
2. 本規程は、1998年11月1日より実施する。

確認事項(抄)

1. 発行の目的

(1) 実証研究(実態調査)の活性化。

(2) 若手研究者の育成(「大型新人」の発掘。自称「若手」「新人」を含む)。

2.『労働社会学研究』誌の内容

(1) 実態調査に基づいた論理の展開を行っている研究を主体とする。

(2) 論文、研究ノート、研究例会報告、その他。

3. 審査員

(1) 投稿原稿1本につき2名。会員を原則とし、場合によっては非会員に委嘱する。

4. 応募資格

(1) 若手研究者を優先し(自称「若手」を含む)、全会員からの投稿を歓迎する。

5. その他

(1) 10号をもって第1期刊行とするが、5号をもって徹底的な自己点検を行い、継続して発行するか否かを会員に諮る。

(以上、1997年12月22日　幹事会確認)

編集基準

(1) 原稿の性格は、実態調査モノグラフとする。

(2) 原稿の水準は、理論化の程度については『年報』よりやや許容幅を広く見る。

(3) 査読結果については、次のようにする。

1) 2名の査読者の間で合否の判定が分れた場合は、第3の査読者をたてる場合がある。

2) 査読者の判定を考慮して、原稿の採否は編集委員会が判断する。

(4) 図表については、投稿者は編集委員会としての統一基準により作成する。

(以上、1998年6月27日　編集委員会確認)

連載について

(1) 原則として、原稿の連載はしない。執筆者の側のやむを得ない事情で連載する場合、1回ごとに投稿手続きを取ってもらい、その都度、原稿の査読を行う。

(2) 編集委員会の判断で、原稿を複数回に分割して掲載する場合がある。その際には、査読は全体を通してのものとする。

（以上、1999年7月10日、編集委員会確認）

『労働社会学研究』の性格等について

(1) 原稿の水準は『年報』と同等のものとする。

(2) 『年報』と区別するために、掲載する論文・研究ノートのどちらも、「実態調査にもとづく実証研究」とする。単なる文献研究は掲載の対象外とする。「実態調査にもとづく実証研究」の範囲には、聞き取り調査、アンケート調査、参与観察法調査などの他、第1次資料（文書資料）にもとづく研究を含む。

(3) 論文と研究ノートの区別は、研究論文としての完成度の違いとし、編集委員会が判断する。

(4) 原稿が掲載された場合には、3万円相当の現物を購入していただくものとする。

（以上、1999年10月2日、幹事会確認）

(5) 掲載原稿の執筆者による現物の買い取り制度については、第11号より正式に廃止する。

（以上、2009年9月5日、幹事会確認）

研究例会報告について

(1) 研究例会報告の原稿が掲載された場合には、1.5万円分の現物を購入していただくものとする。

（以上、2000年3月18日、幹事会確認）

研究例会報告について

(1) 研究会例会報告の掲載については、現物の買い取り制度を第5号より廃止する。

（以上、2003年10月18日、幹事会確認）

学会日誌(2010年度)

[大　会]

2010年10月15日　工場見学：株式会社東芝 府中工場

10月16日 ～ 17日　第22回研究大会および総会@一橋大学

シンポジウム「『新しい公共』における労働とサービス」

[研究会]

2010年3月6日　定例研究会@青山学院大学

仁井田典子(首都大学東京大学院)「不安定化する雇用に伴う労働者の『生きにくさ』」

キョウ迪(静岡大学大学院)「ドラッグストアの経営成長を支える女性従業員の職場生活」

2010年7月3日　定例研究会@青山学院大学

中村眞人(東京女子大学)《文献研究》『仕事の再構築と労使関係：世紀転換点の日本と精密機械企業』御茶の水書房(2009年5月)

2010年9月4日　定例研究会@専修大学

大会プレ・シンポ「『新しい公共』における労働とサービス」

報告者：松尾孝一、櫻井純理、萩原久美子

[幹事会]

2009年12月 5日(土)　第22期第1回幹事会@青山学院大学

2010年 3月 6日(土)　第22期第2回幹事会@青山学院大学

2010年 7月 3日(土)　第22期第3回幹事会@青山学院大学

2010年 9月 4日(土)　第22期第4回幹事会@専修大学

2010年10月15日(金)　第22期第5回幹事会@一橋大学

2010年10月16日(土)　第23期第1回幹事会@一橋大学

2010年11月13日(土)　第23期第2回幹事会@専修大学

日本労働社会学会第23期役員名簿(2010年10月より)

幹 事 (任期2年間)

代表幹事		木本喜美子(一橋大学)
事務局	事務局長	兵頭　淳史(専修大学)
	副事務局長	中川　　功(拓殖大学)
会計担当		鷲谷　　徹(中央大学)会計代表
		小村　由香(日本看護協会)
研究活動委員会		松尾　孝一(青山学院大学)委員長
		上原　慎一(北海道大学)
		京谷　栄二(長野大学)
		宮下さおり(九州産業大学)
		山田　信行(駒澤大学)
関西労働社会学研究会担当		高橋　伸一(佛教大学)
年報編集委員会		清山　　玲(茨城大学)委員長
		呉　　学殊(労働政策研究・研修機構)
		白井　邦彦(青山学院大学)
		三山　雅子(同志社大学)
ジャーナル編集委員会		鈴木　　玲(法政大学)委員長
		小谷　　幸(日本大学)
		高橋　伸一(佛教大学)
		山下　　充(明治大学)
労働調査プロジェクト等検討委員会		松戸　武彦(南山大学)委員長
		小村　由香(日本看護協会)
		山下　　充(明治大学)
大会開催校担当		宮下さおり(九州産業大学)
社会学系コンソーシアム担当		山田　信行(駒澤大学)
社会政策関連学会協議会協議員		鈴木　　玲(法政大学)

監 事

	榎本　　環(駒沢女子大学)
	神谷　拓平(茨城大学)

バックナンバー紹介

労働社会学研究　7

労働社会学研究　8

労働社会学研究　9

研究例会報告

- ●飯場労働者の意味世界における労働重層下請構造の末端としての飯場　渡辺　拓也
- ●全自の賃金原則と日産分会の闘い　吉田　誠
- ●地域通貨と市民労働　中里　裕美
- ●〈仕事と協同〉の社会理論のために　三浦耕吉郎
- ●母子世帯の母親の労働と就労支援策　中囿　桐代
- ●日本的雇用慣行再考　神谷　拓平
- ●日系南米人の労働実態と社会保障にみられる諸問題　山口　博史
- ●自治体職場における非正規労働者　武下　正行
- ●「働かせ方」の「非聖域化」は如何にして可能か？　筒井　美紀

労働社会学研究　10

論　文

- ■「自営」という選択　荒木　康代
- ■税理士《場》における事務所収入の男女差を生むメカニズム　鵜沢　由美子
- ■自転車メッセンジャーの労働世界　神野　賢二
- ■自治体における非正規労働者の特性　武下　正行

研究ノート

- ■飯場の労働文化　渡辺　拓也

研究例会報告

- ●塾講師の待遇改善をめぐる2つの事例　橋口　昌治
- ●ボランティア・NPOの意義と活動観　柴田　和子
- ●地域社会における産業遺産活用の可能性　木村　至聖
- ●変わる中小企業の労務管理と労働者の就労意識　加賀　孝道
- ●若者はなぜ『ジャパレス』で働くのか　藤岡　伸明
- ●パートタイマー・派遣労働者導入・増員時の労使協議に関する調査　神谷　拓平
- ●定年退職者のキャリアから見るボランティア活動の実態　西田　厚子

労働社会学研究　11

論　文

- ■定年退職とアイデンティティの危機　西田　厚子
- ■女性医師が専門科を選択する要因について　中村真由美

研究例会報告

- ●アメリカにおける労働運動と移民運動の交差　惠羅さとみ
- ●非正規職関連法が女性労働市場に及ぼした影響　梁　京姫
- ●女性ホワイトカラーと保育サービス　川上　千佳
- ●弁護士の専門分野選択におけるジェンダー差の要因について　中村真由美

編集後記

ここに『労働社会学研究』(通称『ジャーナル』)第12号をお届けいたします。

今号には、投稿締め切りの時点で５本の投稿論文が寄せられました。これは前号よりも２本少ない投稿数でしたが、審査の結果、論文２本、研究ノート１本と前号よりは１本多く掲載することができました。査読者の方々のご協力に対しては心よりお礼申し上げますとともに、会員の皆様には、投稿のルールを守りつつ、次号も積極的な投稿をお願いしたいと思います。

なお、今期(第21期、22期)のジャーナル編集委員会の任期中には、二重投稿の問題、共著論文の扱い、未入会者の投稿の扱い、研究例会報告の扱い、など多くの問題が表面化してきました。これらについては、編集委員会や幹事会における協議の結果、統一的な対応基準を一応整備し、次期編集委員会に引き継ぐことができたのではないかと思っています。

また現在、幹事会において、『ジャーナル』と『年報』の統合問題についての議論が始まっております。議論の行方については現時点では予断を許さぬものがありますが、『ジャーナル』単独での刊行が続けられる間は、本誌へのご支援を引き続きお願いいいたしたいと思います。

最後になりましたが、今号の編集にあたっても、東信堂の松井哲郎氏には格段のご配慮を賜りました。ここに厚くお礼申し上げます。

(第12号編集委員長　松尾孝一)

『労働社会学研究』第12号編集委員
松尾　孝一(青山学院大学)委員長
小谷　　幸(日本大学)
中囿　桐代(釧路公立大学)
吉田　　誠(香川大学)

労働社会学研究(学会ジャーナル)12

2011年 3月31日　発　行　　＊定価は表紙に表示してあります

■編集　日本労働社会学会
http://www.jals.jp/

■発行　株式会社 東信堂
〒113-0023　東京都文京区向丘1-20-6
Tel(03)3818-5521(代)　Fax(03)3818-5514
E-mail tk203444@fsinet.or.jp
郵便振替 00110-6-37828

ISBN 978-4-7989-0052-0　C3036　ISSN 1345-7357　印刷・製本 中央精版印刷

東信堂

〔シリーズ 社会学のアクチュアリティ：批判と創造〕 全12巻＋2

- クリティークとしての社会学―現代を批判的に見る眼　西原和久・宇都宮京子 編　一八〇〇円
- 都市社会とリスク―豊かな生活をもとめて　藤田弘夫・浦野正樹 編　二〇〇〇円
- 言説分析の可能性―社会学的方法の迷宮から　佐藤俊樹・友枝敏雄 編　二〇〇〇円
- グローバル化とアジア社会―ポストコロニアルの地平　新津晃一・吉原直樹 編　二三〇〇円
- 公共政策の社会学―社会的現実との格闘　武川正吾・三重野卓 編　二〇〇〇円
- 社会学のアリーナへ―21世紀社会を読み解く　友枝敏雄・厚東洋輔 編　二一〇〇円

〔シリーズ世界の社会学・日本の社会学〕

- タルコット・パーソンズ―最後の近代主義者　中野秀一郎　一八〇〇円
- ゲオルグ・ジンメル―現代分化社会における個人と社会　居安正　一八〇〇円
- ジョージ・H・ミード―社会的自我論の展開　船津衛　一八〇〇円
- アラン・トゥーレーヌ―現代社会のゆくえと新しい社会運動　杉山光信　一八〇〇円
- アルフレッド・シュッツ―主観的時間と社会的空間　森元孝　一八〇〇円
- エミール・デュルケム―社会の道徳的再建と社会学　中島道男　一八〇〇円
- レイモン・アロン―危機の時代の透徹した警世家　岩城完之　一八〇〇円
- フェルディナンド・テンニエス―ゲマインシャフトとゲゼルシャフト　吉田浩　一八〇〇円
- カール・マンハイム―時代を診断する亡命者　澤井敦　一八〇〇円
- ロバート・リンド―アメリカ文化の内省的批判者　園部雅久　一八〇〇円
- アントニオ・グラムシ―『獄中ノート』と批判社会学の生成　鈴木富久　一八〇〇円
- 費孝通―民族自省の社会学　佐々木衞　一八〇〇円
- 奥井復太郎―都市社会学と生活論の創始者　藤田弘夫　一八〇〇円
- 新明正道―綜合社会学の探究　山本鎮雄　一八〇〇円
- 米田庄太郎―新総合社会学の先駆者　中久郎　一八〇〇円
- 高田保馬―理論と政策の無媒介的統一　北島滋　一八〇〇円
- 戸田貞三―家族研究・実証社会学の軌跡　川合隆男　一八〇〇円

〒113-0023　東京都文京区向丘1-20-6　TEL 03-3818-5521　FAX03-3818-5514　振替 00110-6-37828
Email tk203444@fsinet.or.jp　URL:http://www.toshindo-pub.com/

※定価：表示価格（本体）＋税